桥艺测试第三辑⑨

简明挤牌测试

[英]大卫·伯德
[澳]蒂姆·伯克 著
彭立新 连若旸 王 南 译

成都时代出版社

四川省版权局
著作权合同登记章
图进字 21-2015-178 号

图书在版编目（CIP）数据

简明挤牌测试 / （英）伯德，（澳）伯克著；彭立新，连若旸，王南译.
-- 成都：成都时代出版社，2015.12
（桥艺测试. 第三辑）
ISBN 978-7-5464-1497-3

Ⅰ. ①简… Ⅱ. ①伯… ②伯… ③彭… ④连… ⑤王…
Ⅲ. ①桥牌-基本知识 Ⅳ. ①G892

中国版本图书馆 CIP 数据核字（2015）第 230263 号

桥艺测试第三辑⑨. 简明挤牌测试
QiaoYi CeShi DiSanJi ⑨. JianMing JiPai CeShi
[英] 大卫·伯德　[澳] 蒂姆·伯克　著
彭立新　连若旸　王南　译

出 品 人　石碧川
责任编辑　曾绍东
封面设计　陈二龙
版式设计　陈二龙
责任校对　陈　煦
责任印制　干燕飞

出版发行　成都时代出版社
电　　话　(028) 86619530（编辑部）
　　　　　(028) 86615250（发行部）
网　　址　www.chengdusd.com
印　　刷　三河市华晨印务有限公司
规　　格　140mm×215mm　1/32
印　　张　13.625
字　　数　440 千字
版　　次　2015 年 12 月第 1 版
印　　次　2015 年 12 月第 1 次印刷
印　　数　1-5000 册
书　　号　ISBN 978-7-5464-1497-3
全套定价　76.00 元（共四册）

前言

本书是桥技进阶丛书第九册《简明挤牌测试》的配套书籍。这一系列的配套书籍将会使你有机会通过许多牌例来练习某项特别的技巧——在本册中即为简单挤牌。“简单挤牌”(单挤)作为术语,是指只有一位对手将会遭到紧逼。但这绝不意味着实施这一打法很简单！在我们即将踏上征程时,必须负责任地告诉你,在本书的最后我们将会介绍一些更复杂多变的“简单挤牌”,而你仍需要加倍努力。但我们也相信你一定会发现这段旅途值得一行。挤牌不仅非常实用,它也是我们所热爱的这项不可思议的运动中最美的一面。

在开始解题前,我们先给出挤牌技巧的概要。关于挤牌更详细的介绍请参看《简明挤牌》(桥技进阶丛书,成都时代出版社译出)和《人人都会挤牌》(Bridge Squeezes for Everyone, MasterPoint Press 国内尚无译作)。

目录 Content

简单挤牌基础

简单挤牌的基本形式和变化一点都不难。一位防守人独自护卫着两门花色,你打出另外一门花色的赢张,他不得不放弃对其中一门花色的护张,从而送给你一个额外的赢墩——这就是简单挤牌的全部！让我们马上来看一个典型的单挤牌例。

西	北 / 南	东
	♠K Q 4 2 ♡A 3 ♢K 9 8 6 3 ♣K 6	
♠J 10 7 5 ♡K Q 10 4 ♢4 ♣10 8 4 3	N W E S	♠9 8 3 ♡9 8 6 2 ♢5 ♣Q J 9 7 2
	♠A 6 ♡J 7 5 ♢A Q J 10 7 2 ♣A 5	

你叫到方块大满贯，西家首攻♡K。你能找到完成定约的路线吗?现在有十二个大牌赢墩,既没有飞牌的可能,也没有通过将吃获得第十三墩牌的机会。仅存的一线生机是希望由首攻显示持有♡Q的西家,还需要同时护卫黑桃。当你兑现你全部的低花赢墩时,他将不得不放弃他的一个护张。

具体的打牌路线如何进行呢？你用明手的♡A赢进首攻,随后清将,兑现梅花A和K,然后奔吃剩余的将牌。还剩一张将牌时的局势如下：

	♠K Q 4 2 ♡3 ◇— ♣—	
♠J 10 7 5 ♡Q ◇— ♣—	N W E S	♠9 8 3 ♡9 8 ◇— ♣—
	♠A 6 ♡J 7 ◇7 ♣—	

当你打出◇7时，西家已没有闲张可垫。他所有的牌都处于"忙碌"状态：四张黑桃需要防止你的第四张黑桃成为赢墩，♡Q需要阻止你的♡J成为赢墩。无论是否喜欢，西家都必须垫掉他的一个护张。他在"黑桃和红心中遭到了紧逼"。如果他垫掉一张黑桃，你就垫掉明手的♡3，并取得四个黑桃赢墩；如果他垫掉♡Q，你的♡J就将成为一个赢墩，并可摊牌宣称取得最后三个黑桃顶张大牌而完成定约。显然西家在这种局势下无力回天。

这一打法很难吗？显然不是。我们是不是特意选择了一个最简单的挤牌牌例来引入这一主题？的确如此。但你会发现你将可能面对很多类似的挤牌局势——好像自动完成一般。

挤牌是一项做庄技术，我们需要学习一些相关术语。别担心，我们仅介绍那些必要的专有名词。在前面刚刚展示的终局里，◇7被称为挤张。换句话说，也就是当你实施紧逼时所打出的那个赢张。你手中的♡J，被称作单张威胁张，即现在虽然不大但却有可能成为赢墩的一张牌。明手的♠4也是一个威胁张，黑桃A、K、Q都是赢张使得♠4也有可能成为赢墩（如果西家放弃对黑桃的守护）。♠4是和一个进张组合在一起的威胁张，也就是说如果防守方放弃了对♠4的守卫，它需要有在同一手中的黑桃大牌过手才能够取到。鉴于"和一个进张组合在一起的威胁张"太过拗口，我们常用双张威胁张这一术语来代替，尽管有时在实际情况中可能不完全准确。几乎所有的挤牌都包含这三个要素：挤张、单张威胁张和双张威胁张。

你要习惯于辨识这三个要素，请看另一个单挤的牌例并辨认出它们。

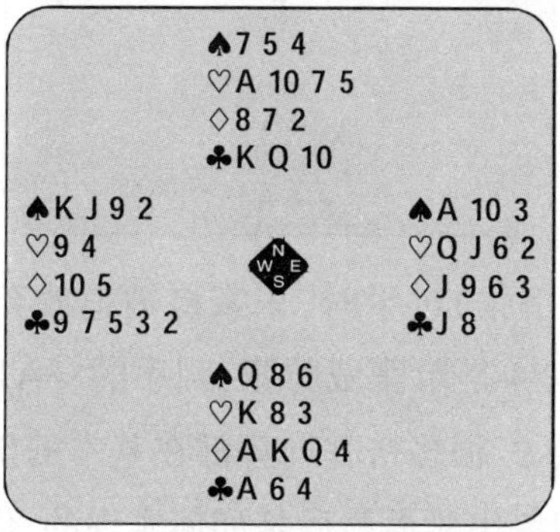

由于梅花看不到太多前景，西家首攻♠2 对抗 3NT。东家用 A 赢进并回攻♠10。你的 Q 丢失给西家的 K，他又接连兑现了两个黑桃赢墩。很高兴的看到防守方只有四墩黑桃，你从明手垫掉一张方块，暗手垫掉一张红心。与此同时，东家垫了♡2。西家随后转攻♣3，你用 K 赢进。从现在起，你计划如何做庄？

你有八个顶张赢墩，如果方块是 3-3 分布的话万事大吉。当持有四张方块的防守人同时需要独自护卫明手的♡10 时，你也能够取得成功。在实际情况下，你会直接兑现三轮梅花顶张。东家将被迫放弃他对一门红花色的护卫，当你依次兑现方块和红心大牌时，你会发现其中一门花色已经全大了。

我们能够在这一挤牌牌例中找出三大要素，我们假设你作为庄家先兑现了三轮方块大牌和♡K，当你继续出♣Q 时，将到达如下局势：

	北	
	♠—	
	♡A 10	
	◇—	
	♣10	
♠— ♡9 ◇— ♣9 7	N W E S	♠— ♡Q J ◇J ♣—
	♠—	
	♡8	
	◇4	
	♣A	

当你出♣**A**(挤张)过手时,东家将被迫放弃他一门红花色的护张。你手中的◇**4** 是单张威胁张,明手的♡**A10** 是双张威胁张。正如这一牌例所示,很多挤牌局势都在基本的挤牌要素之外包含很多杂音。为了想象出紧逼最后是如何实现的,你必须在脑海中描绘出剔除所有杂音(多余的赢张)后的终局局势。

在两个我们所列举的牌例中,终局都是“收紧的”。这是什么意思?这是指关键防守人手中的所有牌张都忙于守卫你的威胁张,从而在你打出挤张时他没有闲牌可垫。在我们刚刚看到的**3NT** 定约中,为什么局势会是收紧的?因为防守方在一开始就连续兑现了四墩黑桃。一旦防守方收取了他们的“账款”(你能承受丢失的最多墩牌),而你离你的目标只差一墩时(例如你在打 **3NT** 定约时已有八墩,正在寻找第九墩),局势就是收紧的。对这一局势的专业描述是:“输张已经调整好。”

对小满贯定约调整输张,你必须让防守方先取得一墩牌。在一个高花成局定约中,如果你想要通过挤牌来获得第十墩牌,调整输张的目标就是让防守方先取得三墩牌。这是个复杂的概念,许多牌手都感到很难理解为什么你需要故意先送掉一墩或更多墩牌,才能准备好实施紧逼。由于理解调整输张的概念非常重要,我们将在一个小满贯定约的牌例中来仔细看看如果你省略掉这一至关重要的步骤将会发生什么。

	♠A 9 ♡J 5 ◇Q 8 6 5 ♣9 8 7 5 4	
♠K Q J 8 6 4 2 ♡4 ◇7 4 ♣10 6 2	N W E S	♠7 3 ♡9 8 6 3 ◇J 10 9 2 ♣K Q 3
	♠10 5 ♡A K Q 10 7 2 ◇A K 3 ♣A J	

你持南家牌开叫 **2♣**，西家阻击 **3♠**。片刻之后他首攻♠**K** 来对抗你的红心小满贯。你计划如何完成这一定约？

你有十一个大牌赢墩，如果防守方的方块是 **3-3** 分布的话，方块套将为你提供第十二墩牌。如果有一位防守人持有四张或以上的方块时，还有什么机会吗？答案是有的，如果同一防守人还同时持有♣**K** 和♣**Q** 的话，他将要独自守卫两门低花，你就能够对他实施紧逼。

从牌型表上你可以看到东家确实要独自守卫两门低花。让我们先来看看如果你第一墩就用♠**A** 赢进，清将，并奔吃南家手中的所有赢墩，试图对东家实施紧逼时的情况。很快你就将到达如下终局：

	♠9 ♡— ◇Q 8 ♣9	
♠Q J ♡— ◇— ♣10 6	N W E S	♠7 ♡— ◇J 10 ♣K
	♠10 ♡7 ◇3 ♣J	

东家独自守卫着两门低花，你打出挤张（♡**7**）并从明手垫掉随

便一张黑9。东家被紧逼了吗？没有！他手中还有一张闲张——他剩下的那张黑桃。他把它垫掉，继续持有他对两门低花的所有护张，而你将无法完成你的满贯。这一终局的问题在哪里？就是因为它不是“收紧的”。东家持有的四张牌里只有三张是忙张，因此他还有一个闲张可垫。

要想使紧逼奏效，你必须去掉东家手里的闲张。在赢进首攻并清光将牌后，你应该出一张黑桃，故意在这门花色中送给西家一墩牌。随后你赢进他的回攻，奔吃南家手里的赢墩，到达这一终局：

	♠— ♡— ♢Q 8 ♣9	
♠Q ♡— ♢— ♣10 6	N W E S	♠— ♡— ♢J 10 ♣K
	♠— ♡7 ♢3 ♣J	

天差地别！现在你打出♡7，从明手垫掉♣9。东家手中的三张牌全部是忙张。他没有安全的垫牌，只能放弃他的一个护张，让你完成满贯。

请比较这一终局局势和之前的情况。唯一的差别是在第一种局势下每一手牌都多了一张黑桃。在打出挤张之前，消去这一多余的牌张，就使你能够收紧终局，让东家手中只剩忙张。

由于篇幅所限，在这里我们只能对简单挤牌做一个最基本的概述。测试你能力的时机已到。在对习题的解答中，还会介绍一些进一步的技巧。祝你好运！

习题 1

	♠Q J 3 ♡K 8 5 ♢A 10 ♣K 9 7 4 2	
首攻♡J	N W E S	
	♠A K 4 ♡3 ♢K Q J 9 5 2 ♣A 6 3	

西	北	东	南
			1♢
不叫	3NT	不叫	6♢
全不叫			

尽管叫牌有些野蛮，但最终定约不错。西家首攻♡J，你计划如何做庄？

习题2

♠A K 7
♡A J 8 7
◇7 5 3
♣A 10 6

首攻◇K

♠8 4 2
♡K Q 3
◇A 10 6
♣K Q J 4

西	北	东	南
			1NT
2♠	**6NT**	全不叫	

防守 **6NT** 西家首攻◇**K**。你计划如何做庄？

习题 3

♠7 6 5
♡Q 8
◇A K Q 9
♣K Q J 6

首攻♠K

♠A J 9 3
♡A K 6 5
◇8 2
♣A 10 2

西	北	东	南
2♠*	不叫	不叫	2NT
不叫	6NT	全不叫	

尽管有 17 个大牌点，北家认为自己在第一轮时没有合适的叫品。防守 6NT 西家首攻♠K，东家垫掉一张梅花。你如何做庄？

习题 4

♠A 9 3 2
♡—
◇A K Q 6
♣A K J 10 3

首攻♡4

♠K 7 4
♡Q 3
◇7 5 4 3
♣Q 8 5 4

西	北	东	南
		4♡	不叫
不叫	5♡	不叫	6♣
全不叫			

西家首攻♡4，你计划如何完成6♣定约？

解答 1

北：♠Q J 3 ♡K 8 5 ◇A 10 ♣K 9 7 4 2

西：♠9 8 6 ♡J 10 9 7 4 ◇8 4 3 ♣J 5

东：♠10 7 5 2 ♡A Q 6 2 ◇7 6 ♣Q 10 8

南：♠A K 4 ♡3 ◇K Q J 9 5 2 ♣A 6 3

西	北	东	南
			1◇
不叫	3NT	不叫	6◇
全不叫			

西家首攻♡J 对抗你的方块小满贯。西家持有♡A 的可能性有多大？毫无疑问是零，因此你不应该在第一墩牌上浪费明手的♡K。实际上，你随后将需要这张牌作为一个威胁张。西家的♡J 赢进第一轮，他继续出♡10。同样你要忍住不出明手的♡K，手上将吃。你有十一个大牌赢墩，没有任何机会在梅花套中不脱手就取得三个快墩。你唯一的机会就是显然持有♡A 的东家同时持有至少三张梅花。他将会遭到单挤。

将吃第二轮红心后，你调三轮将清光将牌。不需要再为挤牌做任何准备工作，因为输墩已经调整好——防守方已经取得了一墩牌。你奔吃全部将牌后，接着兑现黑桃 A 和 K。这将是你面对的局势：

♠Q
♡K
◇—
♣K 9

西		东
♠9	N W E S	♠—
♡9		♡A
◇—		◇—
♣J 5		♣Q 10 8

♠4
♡—
◇—
♣A 6 3

当你出♠Q(挤张)过手时,东家不得不垫掉他的一个护张。如果他垫掉♡A,明手的♡K(单张威胁张)就将得墩;如果他垫掉一张梅花,你的♣6(双张威胁张)就将树立。

如果你觉得把南家的♣A63 看作是双张威胁张有些困难(因为南家有三张梅花), 就想象一下假设你在打出最后一张黑桃前已经先兑现了♣K。这样你就剩下明手的♣9 对着你暗手的♣A6。事实上如果西家在第二墩时选择换攻梅花,这种局势就将成为实际中发生的情况。你让明手的♣K 赢进,奔吃全部将牌后,继续兑现黑桃 A、K 和 Q。

请记住我们是在用双张威胁张这一简称来指代和进张组合在一起的威胁张,有些时候这一简称并非严格准确。举例来说,你可能持有◇7 对着◇AKQ92。只有一位防家可以守卫这门花色,因为外面一共只有 7 张方块。我们仍旧会说你在方块中持有双张威胁张,只是为了避免使用冗长的“和一个进张组合在一起的威胁张”。

解答 2

♠A K 7
♡A J 8 7
◇7 5 3
♣A 10 6

西		东
♠Q J 10 9 6 5		♠3
♡6	N W E S	♡10 9 5 4 2
◇K Q J 4		◇9 8 2
♣8 5		♣9 7 3 2

♠8 4 2
♡K Q 3
◇A 10 6
♣K Q J 4

西	北	东	南
			1NT
2♠	**6NT**	全不叫	

北家跳叫 **6NT** 是冒叫，满贯的前景黯淡。西家首攻◇**K**，你计划如何做庄？

瞬间前途看起来光明了！西家的黑桃争叫标明他将独自守卫黑桃；如果他的方块首攻的确出自于 **K-Q-J** 的连张，他也将独自守卫方块，从而将会遭到紧逼。你如何能够实现这一目标呢？

为了在小满贯中有效实施紧逼，你需要忍让一墩牌来“调整输张”。这里能够完美达成这一目标的办法就是忍让第一墩牌。你用 **A** 赢进方块续攻并可以预见到紧逼的局势，你手中的◇**10** 是单张威胁张，明手的♠**AK7** 是双张威胁张。由于挤张必须从持有单张威胁张的一方打出(为了在西家放弃对这门花色的守护时你能够兑现这一赢墩)，你必须在兑现梅花前先出红心。

你兑现四轮红心，手中垫掉一张黑桃，然后兑现你的梅花赢墩。

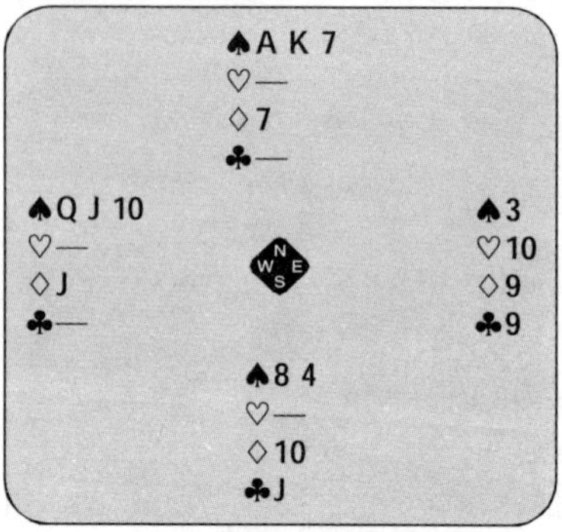

在最后一张梅花上，西家不得不放弃他的一个护张，你将在他垫掉的那门花色中取得第十二个赢墩。

或许你会想知道如果在黑桃首攻下局势将会如何变化。你仍旧需要打西家持有◇**KQJ**，并在黑桃和方块中对他实施紧逼的机会。在赢进黑桃首攻后，你需要让送一轮方块来调整输张。如果西家随后又出一张黑桃，打掉了这门花色中的进张，你就需要在兑现红心前先出梅花，达到如下终局：

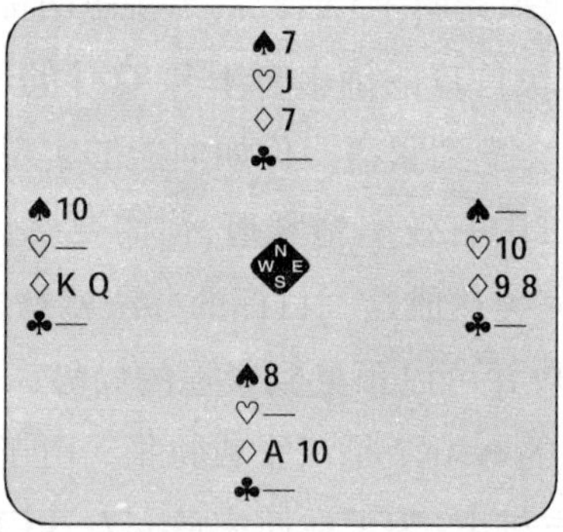

你打出挤张（♡**J**），垫掉手中的♠**8**。西家不得不放弃对一门威胁花色的守卫。

解答 3

♠7 6 5
♡Q 8
◇A K Q 9
♣K Q J 6

西		东
♠K Q 10 8 4 2		♠—
♡3 2	N W E S	♡J 10 9 7 4
◇10 5 4		◇J 7 6 3
♣9 7		♣8 5 4 3

♠A J 9 3
♡A K 6 5
◇8 2
♣A 10 2

西	北	东	南
2♠*	不叫	不叫	**2NT**
不叫	**6NT**	全不叫	

西家首攻♠K来防守你的无将满贯，东家垫掉一张梅花。你能数到十一个大牌赢墩，并且存在很好的机会东家(持有短黑桃的一方)需要同时守卫两门红花色。你将如何用简单挤牌捉住东家？

为了在小满贯中成功实施紧逼，你必须先输掉一墩牌来调整输张。你唯一能够承受让送一墩牌的花色就是黑桃。如果相反你是在红心或方块中让送了一墩牌，你就将毁掉可能成为第十二墩牌的其中一个威胁张。如果你赢进了第一墩牌，你就无法在不让西家取得两个赢墩的情况下让送这门花色。因此唯一安全让送一墩的路线就是让西家的♠K赢得第一墩牌。

西家不能继续出黑桃，很可能会转攻方块。你用明手的A赢进，兑现四轮梅花，从手中垫掉一张黑桃。东家现在马上就要遭到紧逼了。你连打三轮红心大牌，局势如下：

	♠7 ♡— ♢K Q 9 ♣—	
♠Q 10 ♡— ♢10 5 ♣—	N W E S	♠— ♡J ♢J 7 6 ♣—
	♠A J ♡6 ♢8 ♣—	

♠**A**(挤张)迫使东家垫掉一门红花色的护张。如果他垫掉♡**J**,你的单张威胁张(♡**6**)就好了;如果他垫掉一张方块,你的双张威胁张(和进张在一起的♢**9**,本例中还伴有一个额外的赢张)就树立了。

假设是西家持有方块护张而非东家,比如他的牌是:

♠K Q 10 8 4 2
♡3
♢10 7 5 4
♣9 7

同样按照我们建议的做庄路线,兑现梅花,接着兑现红心,西家会发现他需要从♠**Q10**、♢**1075** 中再垫一张牌。他将会在黑桃和方块中遭到紧逼。当你在三门花色中都有威胁张时,你通常能够安排一条合理路线使你有不只一个机会能够完成定约。

解答 4

♠A 9 3 2
♡—
♢A K Q 6
♣A K J 10 3

西	东
♠Q 10 8 6 5	♠J
♡10 5 4	♡A K J 9 8 7 6 2
♢J 10 8 2	♢9
♣6	♣9 7 2

♠K 7 4
♡Q 3
♢7 5 4 3
♣Q 8 5 4

西	北	东	南
		4♡	不叫
不叫	5♡	不叫	6♣
全不叫			

防守你的梅花小满贯,西家首攻♡4。通过让明手将吃两次红心将使你总共有十一墩牌（六墩将牌和五个边花赢墩），在方块3-2分布或是黑桃3-3分布时,取得十二墩牌也毫无困难。如果其中一位防家,在这里是西家,同时持有四张方块和四张或以上的黑桃时,你有何对策？你想不出来答案吗？请看看这本书的名字！是的,你可以对西家进行简单挤牌。

你将吃红心首攻，清三轮将牌并将吃掉你的最后一张红心。当你兑现两轮方块顶张时,发现西家确实在这门花色中持有四张。接下来的步骤是让送一轮黑桃,这将起到双重作用——如果黑桃是3-3分布,你将树立起这门花色的第十三张牌;如果相反西家持有四张或以上的黑桃,你就调整了输张,为实施挤牌做好了准备。是哪位防守人赢进第一轮黑桃并无差别,不妨假设是东家用单张♠J赢进了这一墩。他将面对如下局势：

	♠A 9 3 ♡— ♢Q 6 ♣—	
♠Q 10 8 ♡— ♢J 10 ♣—	N W E S	♠— ♡K 9 8 7 6 ♢— ♣—
	♠K 7 ♡— ♢7 5 ♣8	

东家用红心脱手,你用最后一张将牌将吃。西家在这一墩牌上遭到了紧逼,不得不在黑桃或方块中让你树立起一个赢墩。

如果是西家赢进了第一轮黑桃,并用方块脱手,你就让明手的♢Q 赢进,出♠K 回到暗手,自己打出最后一张将牌。同样的,这将使西家在黑桃和方块中受挤。与此类似,如果西家用黑桃脱手,你就用♠K 赢进并打出最后一张将牌紧逼西家。

当一位对手进行过阻击,而你最终做庄时,通常阻击人的同伴会在没有叫过的花色中有长度。你经常有机会通过对他实施挤牌而获得额外的赢墩。

习题5

♠Q 8
♡6 3
◇K Q 7 5 2
♣10 8 7 4

首攻♡Q

♠A K J 10 4 3
♡A
◇A 9
♣A 6 3 2

西	北	东	南
			2♣
不叫	2◇	不叫	2♠
不叫	3◇	不叫	3♠
不叫	5♠	不叫	6♠
全不叫			

你计划如何完成定约?

习题 6

♠8 4 3
♡9 7
◇4 2
♣A K Q 7 4 2

首攻♠10

♠A K Q J
♡A K
◇A K Q 7 6
♣8 5

西	北	东	南
			2♣
不叫	3♣	不叫	4NT
不叫	5♠*	不叫	7NT
全不叫			

西家首攻♠10,你计划如何完成定约?

习题7

♠8 7 4
♡K 9 6
◇J 4 2
♣A 9 6 2

首攻♣K

♠A K Q 10 3 2
♡—
◇A K Q 7
♣J 7 5

西	北	东	南
1♡	不叫	不叫	加倍
不叫	**1NT**	不叫	**3♠**
不叫	**4♣**	不叫	**6♠**
全不叫			

防守你的黑桃小满贯，西家首攻♣K。你计划如何做庄？

习题 8

	♠7 2 ♡A 8 7 5 2 ♢A Q J 6 3 ♣10	
首攻♣K	N W E S	
	♠K Q 6 4 ♡K Q 3 ♢K 10 5 2 ♣J 7	

西	北	东	南
			1♢
5♣	5♢	全不叫	

防守你的方块成局定约，西家首攻♣K，并在第二墩转攻将牌。你计划如何完成定约？（你将会发现西家持有三张将牌，而东家持有全部五张红心。）

解答5

	♠Q 8 ♡6 3 ◇K Q 7 5 2 ♣10 8 7 4	
♠9 6 5 2 ♡Q J 10 9 2 ◇10 4 ♣Q 6	N W E S	♠7 ♡K 8 7 5 4 ◇J 8 6 3 ♣K J 5
	♠A K J 10 4 3 ♡A ◇A 9 ♣A 6 3 2	

西	北	东	南
			2♣
不叫	2◇	不叫	2♠
不叫	3◇	不叫	3♠
不叫	5♠	不叫	6♠
全不叫			

防守你的黑桃小满贯，西家首攻♡Q。你有十一个大牌赢墩，如果方块3-3分布将有十三墩。但如果方块不是3-3分布，怎么办？

将吃一轮方块以树立方块套毫无意义。在清光将牌后，明手将没有进张去兑现已树立的长套赢墩。取而代之的是你应该尝试两门低花的挤牌。这一路线要想取得成功，你需要持有四张或以上方块的防守人同时持有三张或更多的梅花。其概率小于50%(因为持有四张方块的防守人相比他的同伴，会少两个空位来容纳梅花)。但无论如何这是唯一能够完成满贯的机会。

你赢进红心首攻，调四轮将清光将牌，随后你从手中直接出小梅花。让送一轮梅花能够达到两个目的，你能想到是哪两个吗？一个是为准备挤牌调整了输张，另一个是孤立了梅花护张使得只有一位防守人能够守卫梅花。在防守方赢进第一轮梅花之后，他们很可能会续攻红心。你让南家将吃后兑现♣A，剩余牌张如下：

西	北 / 南	东
	♠— ♡— ◇K Q 7 5 ♣10	
♠— ♡10 9 2 ◇10 4 ♣—		♠— ♡— ◇J 8 6 3 ♣K
	♠10 ♡— ◇A 9 ♣6 3	

你打出挤张♠10，从明手垫掉♣10。东家现在遭到了紧逼，不得不在低花中拱手送出一墩牌。

解答 6

♠8 4 3
♡9 7
◇4 2
♣A K Q 7 4 2

西		东
♠10 9 7 5		♠6 2
♡Q 10 8 6 5 3		♡J 4 2
◇10 3		◇J 9 8 5
♣9		♣J 10 6 3

♠A K Q J
♡A K
◇A K Q 7 6
♣8 5

西	北	东	南
			2♣
不叫	3♣	不叫	4NT
不叫	5♠*	不叫	7NT
全不叫			

你叫到了 **7NT**,希望第十三墩牌能够从哪冒出来,西家首攻 **♠10** 对抗你的 **7NT**。无论如何,你有十二个大牌赢墩,与北家对罗马关键张问叫的答叫所显示的一致。梅花的 **3-2** 分布或者方块的 **3-3** 分布将带你冲过终点。还有一个机会就是一位防守人需要同时守护方块和梅花,你就可以通过简单挤牌抓住他。

假设你赢进黑桃首攻并开始尝试梅花,兑现两轮梅花后发现是 **4-1** 分布。明手唯一的进张已成为追忆,挤牌的机会不复存在,你将打宕定约。

尝试想象一下挤牌的终局。最后一个高花赢张将成为挤张,方块是单张威胁张,明手的梅花将扮演双张威胁张的角色。因此赢进黑桃后,请继续兑现黑桃赢墩。现在连打三轮方块顶张,发现东家在该门花色中还有一个护张。你继续兑现你的倒数第二个高花赢张♡**A**,终局如下:

	♠— ♡— ◇— ♣A K Q 7 4	
♠— ♡Q 10 8 6 ◇— ♣9	N W E S	♠— ♡— ◇J ♣J 10 6 3
	♠— ♡K ◇7 6 ♣8 5	

现在你打出♡**K**——你的挤张，从明手垫掉一张梅花。东家在两门低花中受挤了。如果他垫掉◇**J**，你的单张威胁张◇**7**就会成为一个赢张；如果他垫掉一张梅花，明手的梅花（你的双张威胁张）就全好了。

这副牌例带来的教训就是如果你在后期可能的挤牌中，还需要这门花色中的进张扮演重要角色，你就不应该先尝试它的分布。

解答 7

♠8 7 4
♡K 9 6
◇J 4 2
♣A 9 6 2

♠—
♡A Q 10 5 3 2
◇10 9 5
♣K Q 10 8

♠J 9 6 5
♡J 8 7 4
◇8 6 3
♣4 3

♠A K Q 10 3 2
♡—
◇A K Q 7
♣J 7 5

西	北	东	南
1♡	不叫	不叫	加倍
不叫	1NT	不叫	3♠
不叫	4♣	不叫	6♠
全不叫			

防守你的黑桃小满贯，西家首攻♣K。你只有十一个大牌赢墩。如果你赢进这一墩牌，取得第十二墩的希望十分渺茫，因此你决定让明手放小。西家能够看到续出第二轮梅花十分危险，并不幻想他的♡A能够取得一墩牌，他转攻◇10。现在怎么办？

你用方块A赢进换攻，并兑现将牌A，西家示缺。幸好你没有让明手赢进方块换攻！现在你可以用◇J过桥来飞将牌。已知西家需要独自守卫红心和梅花，通过兑现南家手中的全部赢墩，你可以对他进行紧逼。这是还剩最后一个赢墩没有兑现时的局势：

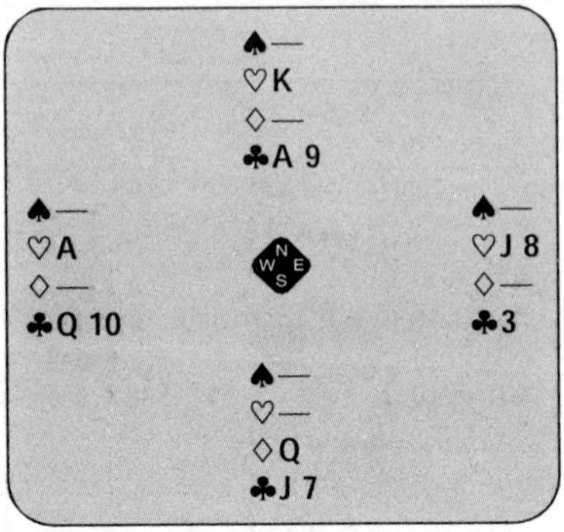

◇Q 将迫使西家不得不垫掉他的一个护张，你完成了满贯。

或许西家还是应该选择在第二墩续攻♣Q。在你如实际持牌的情况下是没有防御的，但如果你是持有♣753 或♣J5，续攻♣Q 就将击败定约。在这两种情况下，除非明手的♣A 被顶掉，否则针对西家的红心-梅花挤牌都将取得成功。

当庄家原始持有♣J5 时，在西家同时持有梅花 Q 和 10 的情况下，明手的♣A9 将成为符合条件的双张威胁张。

解答 8

	♠7 2 ♡A 8 7 5 2 ◇A Q J 6 3 ♣10	
♠A 10 5 ♡— ◇9 7 4 ♣A K Q 6 5 3 2	N W E S	♠J 9 8 3 ♡J 10 9 6 4 ◇8 ♣9 8 4
	♠K Q 6 4 ♡K Q 3 ◇K 10 5 2 ♣J 7	

西	北	东	南
			1◇
5♣	5◇	全不叫	

防守你的方块成局定约，西家首攻♣K，并转攻一张将牌。你接着调两轮将牌，发现西家原始持有三张将牌。一张黑桃 K 输给了西家的 A，他继续兑现第二张梅花大牌，并被明手将吃。南家手中有两个输张(两张小黑桃)，而明手只剩下一张将牌。除非红心是 5-0 分布，你都可以树立起一个红心长套赢墩，定约没有任何问题。但当你出♡K 时，西家示缺了。现在怎么办？

西家争叫 5♣表明他至少持有七张梅花，并且他还跟出了三张将牌。因此一定是东家守卫第四张黑桃。一旦你将吃了自己的一个黑桃输张，消去西家在这门花色中持有的牌张后，东家就只能独自守卫两门高花了。他将在这两门花色中受挤。

在兑现♠Q 并将吃你的一个黑桃输张之后，你用♡Q 回到手中。局势如下：

	♠— ♡A 8 7 ◇— ♣—	
♠— ♡— ◇— ♣Q 6 5	N W E S	♠J ♡J 10 ◇— ♣—
	♠4 ♡3 ◇K ♣—	

现在这一类型的终局对你来说应该已经非常熟悉了。你的最后一张将牌就是挤张，手中的♠4是单张威胁张，明手的♡A8是双张威胁张。当你打出将牌K，并从明手垫掉一张小红心时，东家在两门高花中遭到紧逼，不得不送给你第十二墩牌。

习题 9

♠Q 5 2
♡A 6 5 2
◇A K 8 5
♣A 2

首攻♣J

♠A K J 9 6 4
♡K 7
◇7 4 3
♣8 6

西	北	东	南
	1NT	不叫	**3♠**
不叫	**4♣**	不叫	**4♡**
不叫	**5◇**	不叫	**6♠**
全不叫			

你计划如何做庄？（当你清将时，西家在第二轮示缺，并垫掉♣4和♣9。）

习题10

♠7 4
♡A K Q 8 7 3
◇A 8
♣7 4 2

首攻♠J

♠A K Q
♡6 2
◇Q 7 4
♣A K Q J 9

西	北	东	南
	1♡	不叫	2♣
不叫	2♡	不叫	4NT
不叫	5◇*	不叫	5♠*
不叫	7♡*	不叫	7NT
全不叫			

你用♠A赢进首攻，并兑现♣A，大家都跟出。现在如何继续？

习题 11

	♠A 3 ♡A 10 6 3 2 ◇7 4 3 ♣K 6 3	
首攻◇K	N / W E / S	
	♠K Q J 10 9 5 ♡8 ◇A 8 ♣A Q 8 4	

西	北	东	南
			1♠
不叫	2♡	不叫	3♣
不叫	3◇	不叫	4♠
不叫	6♠	全不叫	

防守你的黑桃小满贯，西家首攻◇K。你计划如何完成定约？

习题12

♠8 5 2
♡K 9 6 4 3 2
◇8 5 3
♣4

首攻◇Q

♠A J 10
♡A 8
◇A
♣A K Q J 10 6 3

西	北	东	南
			2♣
不叫	2◇	不叫	3♣
不叫	3♡	不叫	6♣
全不叫			

你跳到6♣实在叫得不算少。西家首攻◇Q,你计划如何完成这一小满贯?

解答 9

	♠Q 5 2 ♡A 6 5 2 ◇A K 8 5 ♣A 2	
♠7 ♡Q 9 8 3 ◇J 9 6 2 ♣J 10 9 4	N W E S	♠10 8 3 ♡J 10 4 ◇Q 10 ♣K Q 7 5 3
	♠A K J 9 6 4 ♡K 7 ◇7 4 3 ♣8 6	

西	北	东	南
	1NT	不叫	**3♠**
不叫	**4♣**	不叫	**4♡**
不叫	**5◇**	不叫	**6♠**
全不叫			

西家首攻♣J，直到明手摊下牌来，你才意识到叫到满贯有点太野心勃勃了。明手有满满的 17 个大牌点和五张对你来说金子一样的大牌，却仍旧没有一条明显的路线能够取得十二墩牌。你最终的下场恐怕就是要向搭档赔礼道歉了。但与此同时，有没有一点机会能够真的取得十二墩牌呢？

唯一现实的机会就是在红花色中实施挤牌。你赢进梅花首攻并清三轮将牌，西家垫掉♣4 和♣9。你的下一步是出梅花脱手——这是要做什么？调整输张，准备挤牌。

东家赢进并打第三轮梅花，你让南家将吃并从明手垫掉一张方块。西家现在已经没有梅花了，看起来开始有点担心他的垫牌。最终他决定垫掉一张方块。现在怎么办？

西家已经显示他原始持有八张红花色的牌，你的目标就是要在红花色中对他实施挤牌。只有在西家原始持有四张或以上的方块时,才有这种可能。假设你在奔吃将牌前先兑现方块 **A** 和 **K**,计划用手中的◇**7** 作为单张威胁张,明手的♡**A6** 作为双张威胁张。这一挤牌只有在西家持有五张红心时才能奏效。但这是不可能的,因为那样的话他就将持有 **1-5-4-4** 牌型,十四张牌。

更好的主意是兑现两轮红心大牌,并让暗手将吃一次红心。你发现这样做的妙处了吗?这将消去东家手中的红心,留下西家独自守卫这门花色。你必须"孤立西家手中的红心护张"。通过这样的打牌路线,你将在西家原始持有四张红心时建立一个挤牌局势,而并非要求不可能存在的五张。

这是你将到达的局势:

	♠— ♡6 ◇A K 8 ♣—	
♠— ♡Q ◇J 9 6 ♣—	N W E S	♠— ♡— ◇Q 10 ♣7 5
	♠9 ♡— ◇7 4 3 ♣—	

西家独自守卫着两门红花色。当你打出♠**9** 时,他终于被紧逼了,不得不送出让满贯得以完成的一墩牌。

解答 10

	♠7 4 ♡A K Q 8 7 3 ◇A 8 ♣7 4 2	
♠J 10 9 5 3 ♡10 ◇J 9 3 ♣10 6 5 3	N W E S	♠8 6 2 ♡J 9 5 4 ◇K 10 6 5 2 ♣8
	♠A K Q ♡6 2 ◇Q 7 4 ♣A K Q J 9	

西	北	东	南
	1♡	不叫	2♣
不叫	2♡	不叫	4NT
不叫	5◇*	不叫	5♠*
不叫	7♡*	不叫	7NT
全不叫			

罗马关键张黑木问叫告诉你北家在红花色中有四张大牌，你选择 7NT 作为最终定约。你赢进黑桃首攻后兑现♣A，确认你有五个梅花赢墩。现在你有十二个大牌赢墩，只要红心是 3-2 分布就一切无忧。如果红心不是 3-2 分布，当持有四张或更多红心的防守人同时持有◇K 时，一个单挤将拯救你。如果你简单兑现你在黑花色中的赢墩，将到达如下终局：

	♠— ♡A K Q 8 ◇A 8 ♣—	
♠10 9 ♡10 ◇J 9 3 ♣—	N W E S	♠— ♡J 9 5 4 ◇K 10 ♣—
	♠— ♡6 2 ◇Q 7 4 ♣9	

东家确实持有两门红花色的护张，但挤牌却未能生效！当你打出挤张(♣9)时，明手将如何垫牌？如果你垫掉◇8，留成单A，东家就可以安全的垫掉◇10。尽管他的K会被明手的方块A击落，但你没有进张能够回到手中享用已经树立的方块Q了。

为了避免造成这样的堵塞，你应该在早期打牌过程中先解封造成堵塞的大牌(◇A)。这一打法称之为维也纳妙招，解封使得对面的Q成为一个单张威胁张。在这副牌例中，你应该在奔吃黑花色中的赢墩前先兑现明手的◇A。看看这将带来多么大的改变，在你准备兑现最后一张梅花时终局如下：

	♠— ♡A K Q 8 ◇8 ♣—	
♠10 9 ♡10 ◇J 9 ♣—	N W E S	♠— ♡J 9 5 4 ◇K ♣—
	♠— ♡6 2 ◇Q 7 ♣9	

现在你可以在最后一轮梅花上垫掉◇8。东家终于在红花色中被紧逼了——他无法既守卫着你的单张威胁张(◇Q)，又守卫着你的双张威胁张(明手和其他赢张组合在一起的♡8)。无论他最终

选择垫掉哪门花色,你都将完成你的大满贯。

在继续前进之前,让我们比较一下前一页中的两个终局:唯一的差别是◇A被兑现了(维也纳妙招)。请确认你真的理解了为什么这一看起来有些奇怪的步骤是最终单挤能否成功的关键。这将使你的方块套不会堵塞,让◇Q得以解放,成为针对东家实施紧逼时的单张威胁张。

解答 11

	♠A 3 ♡A 10 6 3 2 ◇7 4 3 ♣K 6 3	
♠8 6 4 2 ♡J 7 5 ◇K Q J 2 ♣9 5	N W E S	♠7 ♡K Q 9 4 ◇10 9 6 5 ♣J 10 7 2
	♠K Q J 10 9 5 ♡8 ◇A 8 ♣A Q 8 4	

西	北	东	南
			1♠
不叫	2♡	不叫	3♣
不叫	3◇	不叫	4♠
不叫	6♠	全不叫	

在 **4♠**后北家觉得叫什么都有些尴尬，于是决定直扑小满贯。不会连丢两轮方块吗？不，这种事情只会发生在其他人身上。西家首攻◇**K**，你必须找到一条能够取得十二墩牌的路线。

如果梅花是 **3-3** 分布，一切都很简单。但如果有一位防家持有四张或以上的梅花，你可能就需要尝试在红心和梅花中对他实施挤牌，前提是先要孤立他手中的红心护张。为了使挤牌奏效，你需要先送掉一墩牌来调整输张。你应该忍让第一轮方块，并用 **A** 赢进方块续攻。接下来你的目标是让南家将吃两轮红心，来消去其中一位防守人手中的红心护张。

你用♡**A** 过桥将吃一轮红心，接着用 **K** 和 **A** 调两轮将，东家在第二轮示缺。当你再次将吃红心时，两位防家都跟出，现在外面只剩下一张红心了。实际上你已经孤立了东家手中的红心护张，尽管你还不知晓。由于他还同时持有四张梅花，他马上就要遭到紧逼了。

你调出西家倒数第二张将牌，局势如下：

	北	
	♠— ♡10 6 ◇— ♣K 6 3	
♠8 ♡— ◇J 2 ♣9 5	N W E S	♠— ♡K ◇— ♣J 10 7 2
	♠J ♡— ◇— ♣A Q 8 4	

你的♠J 威力无穷。它清光西家的最后一张将牌，并同时挤死东家！你从明手垫掉♡6，东家将被迫放弃他的一个护张。无论他是垫梅花还是♡K，你都将完成你的小满贯。

这是目前为止我们看到的第二个使用到"孤立威胁张"这一技巧的牌例。如果你翻回到上一页的完整牌型表，你会看到两位防家都能守卫红心。通过让南家将吃两次红心，你就消去了西家对红心的护张。在孤立了东家手中的红心护张后，你就能够对他的红心和梅花实施挤牌了。

这是一副有些难度的牌例，包含了两项技巧：调整输张和孤立东家的红心威胁张。如果你在尝试解答这道习题时，无法看出如何能够完成满贯，别担心，有很多人和你一样。在这个世界上只有不超过 5%的牌手——很可能更少——知晓如何能够完成这一定约。将这些技巧加入到你的百宝箱中，你就将成为被选中的少数人(天上传来唱诗班的歌声)。

解答 12

♠8 5 2
♡K 9 6 4 3 2
◇8 5 3
♣4

♠Q 9 6 3
♡Q 10 7
◇Q J 10 6 2
♣8

♠K 7 4
♡J 5
◇K 9 7 4
♣9 7 5 2

♠A J 10
♡A 8
◇A
♣A K Q J 10 6 3

西	北	东	南
			2♣
不叫	2◇	不叫	3♣
不叫	3♡	不叫	6♣
全不叫			

你不会持南家的牌叫 6♣吧？当然不会，这实在是太乐观了(这还是客气的说法)。尽管如此,也许你能够完成这一定约。

你用 A 赢进首攻的◇Q 并清将,发现东家在将牌花色中持有四张。下一步是从暗手直接出♠J。这有两重目的:首先,如果你决定打东家同时持有 K 和 Q 的话，这将能够建立起这门花色中最后的飞牌局势;其次,通过让送一墩你能够承受输掉的牌(换句话说也就是调整输张),将为在两门高花中实施挤牌铺平道路。

如实际中的牌张分布时，防守方无法击宕满贯。如果西家用 Q 赢进第一轮黑桃,你可以稍后用红心进入明手,飞掉东家的♠K。假设相反西家放小让东家用 K 赢进,西家就将独自守卫两门高花——你将能够对他实施挤牌。

打牌路线应如何进行？东家用♠K 赢进♠J,回攻一张方块，你将吃。接着奔吃你剩余的全部将牌,到达如下局势:

	♠8 ♡K 9 6 ◇8 ♣—	
♠Q 9 ♡Q 10 7 ◇— ♣—	N W E S	♠7 4 ♡J 5 ◇K ♣—
	♠A 10 ♡A 8 ◇— ♣3	

西家垫掉了他全部的方块并让他的同伴守卫这门花色，暗示他保留着两门高花的护张。你打出最后一张将牌，也就是挤张，西家垫掉♠9。你放弃明手的◇8，东家垫掉◇K。

防守方还留有五张红心，明手的红心套不能提供三墩牌。因此你必须在黑桃中获得额外的一个赢墩，这里存在两种可能。东家可能原始持有这门花色 K 和 Q，在这种情况下用♠10 飞牌将取得成功；另一种选择是西家原始持有♠Q 和三张红心，在这种情况下他已经遭到紧逼被迫留成了单张♠Q，将会被 A 击落。有什么线索能够帮助你发现后者正是真实的情况吗？

我们已经提及了第一种情况。首攻◇Q 的西家，垫掉了他全部的方块让他的同伴来守卫这门花色。难道他这样做仅仅是为了保留♠97 吗？看起来不太可能。第二个依据是黑桃大牌更可能是分座的，而非在同一家手中。特别是在你知道西家原始持有四张黑桃而他的同伴持有三张时，更是如此。东家持有 K-×-×时有 10 种不同的牌张组合，而持有 K-Q-×则只有 5 种组合，因此有 2 比 1 的可能性支持西家持有♠Q。还有一种可能性是当你引出♠J 时，西家可能会略作停顿思考要不要用 Q 赢进，从而露出马脚。总而言之，有极大的概率支持你打出♠A，并寄希望于看到击落西家的♠Q。

习题13

♠A 5 2
♡A 6 5 2
◇K 7
♣A K Q 7

首攻◇Q

♠Q 6
♡K Q J 10 8 7 3
◇8
♣6 4 3

西	北	东	南
			3♡
不叫	4NT	不叫	5◇*
不叫	6♡	全不叫	

西家首攻◇Q吓了你同伴一跳，但你将吃了第二轮方块挽救了定约。你将如何继续？

习题 14

	♠K Q 7 ♡10 6 4 ◇A 9 7 ♣A 8 5 2
首攻♣K	
	♠A J 10 8 6 ♡A K Q J ◇Q 6 ♣7 4

西	北	东	南
			1♠
2NT*	3◇*	不叫	3♡
不叫	4♠	不叫	5♠
不叫	6♠	全不叫	

西家首攻♣K,你计划如何完成这一小满贯?

习题 15

	♠10 9 6 ♡A Q 7 3 ◇A K 9 ♣K 4 2	
首攻♠7	N W E S	
	♠A 3 ♡K 5 ◇Q J 5 3 ♣A Q 7 6 3	

西	北	东	南
		2♠*	2NT
不叫	6NT	全不叫	

2NT 争叫并不理想,但没有其他更好的选择。西家首攻♠7,你计划如何完成 6NT 定约?

习题16

	♠A ♡J 9 5 4 3 ◇A K J ♣K Q 5 3
首攻♠K	N W E S
	♠10 8 3 ♡A K 10 7 ◇10 6 3 ♣A 7 4

西	北	东	南
2♠*	加倍	不叫	4♡
不叫	4NT	不叫	5♣*
不叫	6♡	全不叫	

西家首攻♠K，你计划如何做庄？（随后你会发现西家持有♡Q-×-×）

解答13

北：
♠A 5 2
♡A 6 5 2
◇K 7
♣A K Q 7

西：
♠K 9 7
♡9
◇Q J 10 4 3
♣J 9 5 2

东：
♠J 10 8 4 3
♡4
◇A 9 6 5 2
♣10 8

南：
♠Q 6
♡K Q J 10 8 7 3
◇8
♣6 4 3

西	北	东	南
			3♡
不叫	4NT	不叫	5◇*
不叫	6♡	全不叫	

防守6♡西家首攻◇Q。无论你是否上◇K,防守方都将赢进这一墩并继续出第二轮方块。你手上将吃让他们大失所望,现在如何继续?

你有十一个大牌赢墩，梅花如果是3-3分布将提供给你第十二墩牌。如果梅花是4-2分布或更糟,你还可以尝试黑花色中的挤牌。想要获得成功你需要同一防守人持有♠K和至少四张梅花。你应该先兑现♠A(维也纳妙招),然后连打五轮红心。局势如下：

北：
♠5
♡—
◇—
♣A K Q 7

西：
♠K
♡—
◇—
♣J 9 5 2

东：
♠J 10
♡—
◇9
♣10 8

南：
♠Q
♡7
◇—
♣6 4 3

当你打出♡7，一切都完美实现。西家在黑花色中遭到了紧逼：如果他垫掉♠K，你的♠Q就将得墩；如果他垫掉一张梅花，明手的♣7就将树立。在东家持有两门黑花色的全部护张时，挤牌也同样能够奏效。类似这样的局势，也就是能够针对任一防守人都生效的挤牌，被称为“自动挤牌”。只能针对一位防守人的挤牌（通常是当庄家从持有单张威胁张的一家出牌时，必须先选择垫牌的防守人）被称为“位置挤牌”。

由于是西家同时守卫两门花色，也许你会认为在这里维也纳妙招并没有多大用处。让我们来看看如果你在奔吃红心前没有先兑现♠A，会出现什么问题。这将是终局的局势：

	♠A 5 ♡— ♢— ♣A K Q 7	
♠K 9 ♡— ♢— ♣J 9 5 2	N W E S	♠J 10 8 ♡— ♢9 ♣10 8
	♠Q 6 3 ♡7 ♢— ♣6 4	

你打出♡7，西家垫掉♠9。你应该从明手垫掉哪一张牌？现在你必须要面临猜断了！如果西家确实遭到了紧逼并垫成了单张♠K，你就必须扔掉明手的♣7，并希望能够取得两墩黑桃；但如果梅花本来就是3-3分布的，致胜的路线就是垫掉明手的♠5。

比较这一终局和前面那个成功的例子，确信你真正理解了先兑现♠A为何如此重要。原因就是这样做你能够解放♠5，使其成为闲张并垫在最后一张将牌下。现在你不需要任何猜断了。

维也纳妙招有两大好处——你能够将位置挤牌转化为自动挤牌（能够针对任一防家实施紧逼），你还能够使自己免于猜断之苦。

解答 14

♠K Q 7
♡10 6 4
◇A 9 7
♣A 8 5 2

♠4 2
♡8
◇K J 10 8 5
♣K Q J 9 6

♠9 5 3
♡9 7 5 3 2
◇9 4 2
♣10 3

♠A J 10 8 6
♡A K Q J
◇Q 6
♣7 4

西	北	东	南
			1♠
2NT*	3◇*	不叫	3♡
不叫	4♠	不叫	5♠
不叫	6♠	全不叫	

防守你的黑桃小满贯，西家首攻♣K。你在南家手中有两个输张，必须想办法解决其中一个。西家的非寻常无将争叫显示出他在两门低花中都有长度和强度，从而有可能对他实施紧逼。你能够在脑海中想象出终局的局势吗？明手将留有◇A7和一张梅花，你手中将留有◇Q6和一张作为挤张的高花赢墩。西家将不得不在◇KJ和♣Q中选择垫牌。

看起来一切顺利，但这副牌的问题在于如何调整输张。假设你赢进首攻，清光将牌，并让送一轮梅花。如果东家赢进这墩牌，他将能够换攻方块。这将破坏掉你在这门花色中美妙的结构（A-7对Q-6），挤牌的机会将不复存在。

为了避免东家在梅花中获得进手，你应该忍让第一轮，让西家的♣K赢进这一墩。这样做有小小的风险，即西家可能持有六张梅花，防守方随后将获得一个将吃。你必须承担这一风险！西家续攻第二轮梅花，在东家跟出后你又能正常呼吸了。你清光将牌，兑现你在高花中的全部赢墩，到达如下终局：

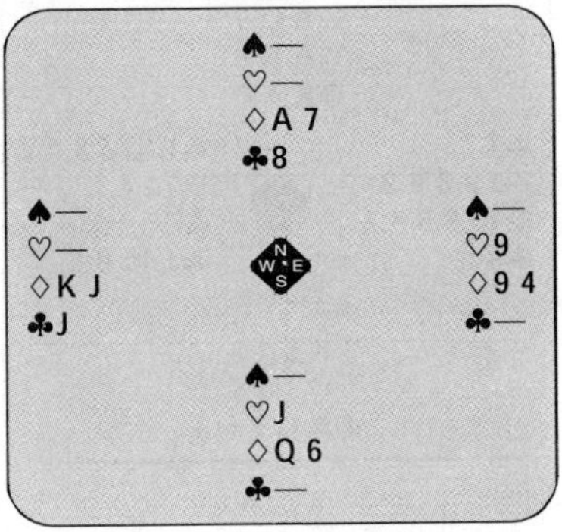

这就是我们在规划做庄路线时脑海中想象的终局局势。通过规避东家进手，我们确保方块结构没有遭到破坏。你打出♡J，西家不得不放弃他在低花中的一个护张。

回顾一下在终局中的方块双张威胁张。这是一个有趣的结构，因为实际的威胁张(♢Q)与同它联合在一起的进张并不在同一手中，进张(♢A)在它的对面。这种结构的持牌被称为“分离的双张威胁张”。♢A同样扮演着重要的角色，如果西家放弃对梅花的守护，它将是你能够取得♣8的进张。

解答 15

北：
♠10 9 6
♡A Q 7 3
◇A K 9
♣K 4 2

西：
♠7 5
♡J 9 8 6 2
◇10 8 6 4 2
♣9

东：
♠K Q J 8 4 2
♡10 4
◇7
♣J 10 8 5

南：
♠A 3
♡K 5
◇Q J 5 3
♣A Q 7 6 3

西	北	东	南
		2♠*	2NT
不叫	6NT	全不叫	

6♣可能是更好的定约，因为黑桃输张可以垫在明手的红心套下。西家首攻♠7,你将如何规划 6NT 的做庄路线？

如果梅花是 3-2 分布,将有全部十三墩牌摆在那里。因此你要计划如何应对梅花的 4-1 分布。东家不太可能在持有四张红心时开叫弱二黑桃,因此你可以假设西家守卫红心。如果西家同时持有四张梅花,你就能够在红心和梅花中对他实施挤牌。如果有些意外的发现是东家持有四张梅花,你就能够在两门黑花色中对他进行紧逼。

在实施简单挤牌前,你需要先调整输张。忍让第一轮黑桃,让东家的♠J 赢进,将很轻松地完成这项工作。你吃住黑桃续攻,兑现梅花 A 和 K。当牌张如我们所给出的牌型表中一样分布时,西家将会在第二轮示缺。你现在的计划就是兑现红花色中的赢墩,并在最后一个赢张上紧逼东家。你应该先兑现哪门红花色呢？是方块，因为你需要停留在持有单张威胁张♠10 的一方——即明手,来打出最后的挤张。

你兑现四轮方块，从明手垫掉一张红心，然后兑现红心 K 和 A。现在你停在明手，还剩下这些牌张：

	♠10 ♡Q ◇— ♣4	
♠— ♡J 9 ◇10 ♣—	N W E S	♠Q ♡— ◇— ♣J 10
	♠— ♡— ◇— ♣Q 7 6	

明手的♡Q 就是挤张，♠10 是单张威胁张，你手中的♣Q7 扮演了双张威胁张的角色。当打出♡Q 时，东家不得不放弃他的一个护张。

如果是西家持有梅花长度，一个完全不同的挤牌局势将会产生。让我们发给西家：

♠7 5 ♡J 9 8 6 2 ◇10 6 ♣J 10 8 5

在你兑现梅花 A 和 K 时，现在是东家在第二轮示缺。你应该继续兑现♣Q，随后是方块赢墩。这将是终局：

	♠10 ♡A Q 7 3 ◇— ♣—	
♠— ♡J 9 8 6 ◇— ♣J	N W E S	♠Q 8 ♡10 4 ◇8 ♣—
	♠— ♡K 5 ◇J ♣7 6	

你打出◇J，西家在红心和梅花中被挤死了。

解答 16

	北	
	♠A ♡J 9 5 4 3 ◇A K J ♣K Q 5 3	
西 ♠K Q J 9 6 4 ♡Q 8 2 ◇7 4 ♣9 8		**东** ♠7 5 2 ♡6 ◇Q 9 8 5 2 ♣J 10 6 2
	南 ♠10 8 3 ♡A K 10 7 ◇10 6 3 ♣A 7 4	

西	北	东	南
2♠*	加倍	不叫	4♡
不叫	4NT	不叫	5♣*
不叫	6♡	全不叫	

你对罗马关键张黑木问叫的回答显示出你有 **0** 或 **3** 个关键张，在这里显然是 **3** 个，北家直叫小满贯。防守你的红心小满贯，西家首攻♠**K**。明手的单张 **A** 赢进，你出将牌到 **A** 回手并将吃一次黑桃。当你打出第二轮将牌时，东家示缺。你上 **K**，并让明手将吃掉你的最后一张黑桃。现在如何继续？

由于将牌中有一个输墩，你必须避免在方块中再输一墩。如果梅花是 **3-3** 分布，将能够提供一个垫牌；或是西家持有◇**Q**，一切也将很顺利。但是东家持有◇**Q** 的概率很高，因为他在低花中持有九张牌而他的同伴只有四张。

如果东家持有◇**Q** 和至少四张梅花，你能有什么办法吗？你是否能够通过挤牌擒获他？答案是肯定的，但你不能用明手的◇**J** 来作为威胁张，因为东家将会在明手的后面垫牌，从而可以与明手保持同样的长度。相反你应该先兑现明手的方块 **A** 和 **K**（维也纳妙招），从而解放你自己手中的◇**10** 来作为单张威胁张。

具体的打牌路线将如何进行？你出将牌送给西家的将牌赢张，用明手的 A 赢进方块回攻。随后你继续兑现◇K 和♣K，再出梅花到 A。这是现在的局势，你暗手出牌：

	♠— ♡— ◇J ♣Q 5	
♠Q J 9 ♡— ◇— ♣—	N W E S	♠— ♡— ◇Q ♣J 10
	♠— ♡10 ◇10 ♣7	

你打出♡10，也就是挤张，从明手垫掉◇J（现在你能够看出它为什么不能作为一个威胁张了——你需要在东家做出至关重要的垫牌前先从明手垫牌。由于你必须保留两张梅花来作为双张威胁张，你不可能再保留◇J）。东家在低花中遭到了紧逼，被迫放弃他的一个护张，让你完成小满贯。

习题17

♠9 6 3
♡K Q 6 2
♢A K Q
♣Q 4 2

首攻♠8

♠K Q 2
♡A 4 3
♢8 5 2
♣A K 10 6

西	北	东	南
		2♠*	2NT
不叫	6NT	全不叫	

如果东家在第一墩就上了♠A，你计划如何做庄？假设东家决定在前两轮黑桃中都不出他的♠A，你又将如何继续？

习题 18

	♠K 9 6 ♡K 8 6 2 ◇Q J 6 3 ♣A 6	
首攻♠8	N W E S	
	♠A 7 4 ♡A Q J 7 5 3 ◇A ♣Q 8 2	

西	北	东	南
			1♡
2NT*	3◇*	不叫	4◇
不叫	5♣	不叫	6♡
全不叫			

西家的非寻常 **2NT** 是双低花。西家首攻♠**8**，你计划如何完成 **6**♡？

习题 19

	♠A 10 8 ♡A 7 6 2 ◇K 8 ♣A J 7 2
首攻♣K	N W E S
	♠K Q J 9 4 ♡Q 5 ◇A Q J 10 2 ♣5

西	北	东	南
			1♠
不叫	2NT*	不叫	4◇*
不叫	4NT	不叫	5♠*
不叫	7♠	全不叫	

西家首攻♣K，你计划如何完成7♠？你的做庄路线是否取决于将牌的分布情况？

习题20

♠8 6 5
♡A 6
◇A K 7 3
♣8 5 4 2

首攻♠2

♠Q 4 3
♡Q 9 3
◇Q 6 4
♣A K Q J

西	北	东	南
			1NT
不叫	3NT	全不叫	

西家首攻♠2到同伴的A,续攻♠10后防守方连取四墩黑桃。在西家转攻◇J后,你计划如何完成定约?

解答17

	♠9 6 3 ♡K Q 6 2 ◇A K Q ♣Q 4 2	
♠8 ♡J 10 7 5 ◇9 6 4 3 ♣J 9 7 3	N W E S	♠A J 10 7 5 4 ♡9 8 ◇J 10 7 ♣8 5
	♠K Q 2 ♡A 4 3 ◇8 5 2 ♣A K 10 6	

西	北	东	南
		2♠*	2NT
不叫	6NT	全不叫	

防守 6NT 西家首攻♠8。让我们先假设第一轮东家用♠A 赢进(实际上这不是最好的防守)。你有十一个大牌赢墩,如果红心或梅花中能够产生一个额外赢墩,你就轻松有 12 墩。如果西家要同时守卫红心和梅花,在他只有一张黑桃而东家持有六张的情况下很有可能,你能够利用红心和梅花中的挤牌将他擒获。具体的打牌路线如何进行呢?你赢进黑桃续攻,兑现三轮红心顶张,发现西家原始持有四张红心。你接着兑现你的另一个黑桃赢墩,梅花 A、Q,以及两轮方块顶张,到达如下终局:

	♠— ♡6 ◇Q ♣4	
♠— ♡J ◇— ♣J 9	N W E S	♠J 10 ♡— ◇J ♣—
	♠— ♡— ◇8 ♣K 10	

◇Q将挤死西家。他要么给明手的♡6——单张威胁张让路，要么给你手中的♣K10——双张威胁张让路。

当东家第一轮就用♠A赢进时，为你提供了帮助。为什么会这样说？因为这帮助你调整了输张。在我们刚刚看到的终局局势下，你能够成功紧逼西家，是因为出过三轮黑桃。这收紧了终局，使得西家在你打出挤张时无牌可垫。

让我们再来看看如果东家拒绝在第一轮或第二轮打出他的♠A，使你陷入艰难境地，将会如何发展变化。在一些牌局中这样的防守将会破坏挤牌并击败定约。尽管东家再也无法取得一个黑桃赢墩，西家却能够取到一墩梅花和一墩红心。在本例这一特殊牌局中，你可以通过一个我们之前从来没有见过的挤牌类型来重新获得胜利——没有调整输张也能奏效的挤牌。

假设东家让你用♠Q赢进了第一墩，你出方块过桥并引出第二轮黑桃。东家再次放小，让你的♠K赢进。你像之前一样兑现三轮红心顶张，继续出梅花A和Q。最后你连打方块，到达如下终局：

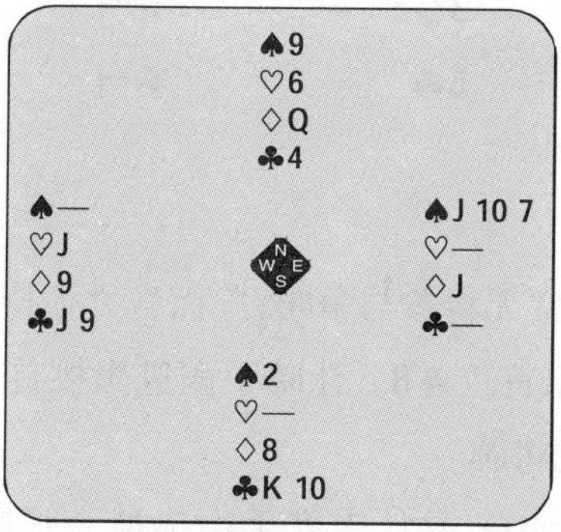

第二轮黑桃已经迫使西家垫掉了一张方块。当你兑现◇Q时，两位防家都跟出了。现在你对整手牌的分布有了完整的计算：西家原始持有一张黑桃、四张红心和四张方块，因此他的牌型是1-4-4-4。你出红心投入给西家的♡J，他只能引牌进入你的♣K10。十二墩牌到手！

这一打法称为"无需调整输张的挤牌"。你在紧逼已经发生后，再送出一墩牌，而不是在紧逼发生前先送一墩。请记住这一打法，我们在后面还会遇到。

解答 18

	♠K 9 6 ♡K 8 6 2 ◇Q J 6 3 ♣A 6	
♠8 5 ♡9 ◇K 10 9 8 4 ♣K J 10 7 4	N W E S	♠Q J 10 3 2 ♡10 4 ◇7 5 2 ♣9 5 3
	♠A 7 4 ♡A Q J 7 5 3 ◇A ♣Q 8 2	

西	北	东	南
			1♡
2NT*	3◇*	不叫	4◇
不叫	5♣	不叫	6♡
全不叫			

西家用非寻常无将参与争叫，广而告之他持有双低花。你叫到红心小满贯，西家首攻♠8。让暗手赢进黑桃首攻后，你兑现◇A，并用A和K清光将牌。

下一步是出◇Q，并从南家手中垫掉一张黑桃。你明白这样做的关键了吗？初始时你只有十个大牌赢墩，通过出◇Q顶掉西家的◇K，你就建立了明手的◇J成为第十一墩牌。西家又打回一张黑桃，你用明手的K赢进。现在你的目标是在低花中对西家进行紧逼，来获取第十二墩牌。明手的◇6是单张威胁张，明手的♣A6对着暗手的♣Q8是分离的双张威胁张。

你兑现明手的◇J，手中垫掉一张梅花。随后你奔吃剩下的将牌，当还有最后一张将牌时，终局如下：

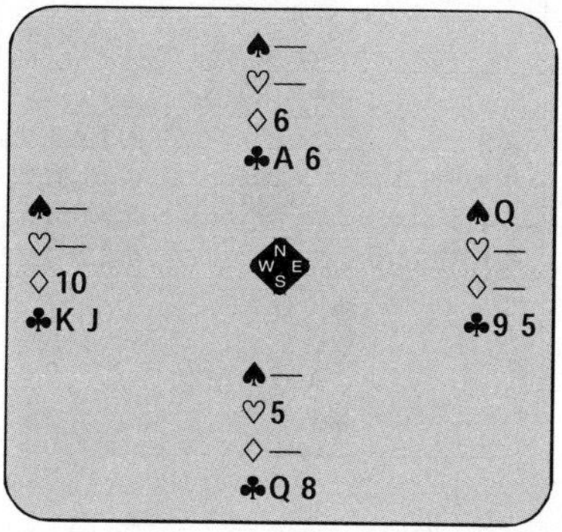

你打出♡5，也就是挤张，西家无牌可垫。如果他垫掉◇10，你就垫掉明手的♣6，取得最后的两墩牌——♣A 和已经树立的◇6；如果相反西家保留他的方块护张，垫掉♣J，你就从明手垫掉◇6。出梅花到 A 将会击落西家的♣K，♣Q 将使你取得最后一墩牌。

再从另外的角度看一下上面的终局。挤牌得以奏效是因为西家必须要在明手之前垫牌。如果对调西家和东家的最后三张牌，挤牌将会失败。在东家必须垫牌之前，你先要从明手垫牌，不得不破坏掉自己的一个威胁张。这种只能针对其中一位防守人的挤牌，称为“位置挤牌”。

解答 19

	♠A 10 8 ♡A 7 6 2 ◇K 8 ♣A J 7 2	
♠3 ♡K J 8 4 ◇9 6 3 ♣K Q 10 6 3	N W E S	♠7 6 5 2 ♡10 9 3 ◇7 5 4 ♣9 8 4
	♠K Q J 9 4 ♡Q 5 ◇A Q J 10 2 ♣5	

西	北	东	南
			1♠
不叫	2NT*	不叫	4◇*
不叫	4NT	不叫	5♠*
不叫	7♠	全不叫	

北家的杰克贝 **2NT** 表示至少逼局以上的黑桃支持，你的 **4**◇是显示至少五张的边花套。西家首攻♣**K** 防守你的大满贯。如果你从长将牌的一手(南家)来看输张，你会发现在红心中有一个潜在输张。如果西家除了他显示出的♣**KQ** 外，还持有♡**K**，你就能够通过红心和梅花中的挤牌将他擒获，完成大满贯。

现在假设你从北家的角度来考虑。你在红心中有三个潜在输墩，在梅花中也有三个。如果你能让南家将吃全部三张梅花，随后你将能够在南家的长方块上垫掉三个红心输张。换句话说，无论是哪位防守人持有♡**K**，你都可以通过反明手打法取得十三墩牌。

反明手打法需要将牌是 **3-2** 分布。为什么如此？因为在南家将吃三轮梅花后，你需要用明手的三张将牌来清光将牌。因此最佳做庄路线取决于将牌如何分布。你应该赢进梅花首攻后马上将吃一次梅花，开始准备进行反明手打法。随后你兑现将牌 **K** 和 **A**。如果将牌是 3-2 分布,将吃第二次梅花,用◇K 过桥并将吃你的最后一张梅花。接着你可以用♡A 回到明手，清光外面的最后一张将牌。四轮方块将让你能够垫掉北家手中的全部三个红心输张。

当实际的牌张分布和牌型表中一样时，你将会发现将牌是 4-1 分布。在这种情况下你放弃反明手打法,转向在红心和梅花中对西家进行紧逼的路线。你清光全部将牌并兑现四轮方块,从明手垫掉一张梅花和两张红心。还剩下这些牌张：

	♠— ♡A 7 ◇— ♣J	
♠— ♡K J ◇— ♣Q	N W E S	♠— ♡10 9 ◇— ♣9
	♠— ♡Q 5 ◇10 ♣—	

当你打出◇10 时,西家在红心和梅花中被挤死了。

这一牌例的教学点在于作为庄家要时刻保持清醒！你发现了对西家实施挤牌的可能,做得不错,但这不代表你就可以停止思考并立刻着手实施挤牌。也许存在其他路线能够提供更好的机会。例如在这里一个反明手打法就能够在将牌 3-2 分布时确保完成定约。

解答 20

♠8 6 5
♡A 6
◇A K 7 3
♣8 5 4 2

♠K J 9 2
♡K 8 2
◇J 10 8 2
♣10 3

♠A 10 7
♡J 10 7 5 4
◇9 5
♣9 7 6

♠Q 4 3
♡Q 9 3
◇Q 6 4
♣A K Q J

西	北	东	南
			1NT
不叫	3NT	全不叫	

防守 3NT 西家首攻♠2，马上防守方面前就摆好了四个黑桃赢墩。与此同时你从明手垫掉一张梅花，手里垫掉一张红心。在西家转攻方块 J 后，你计划如何做庄？

你有八个大牌赢墩，方块的 3-3 分布将带给你第九墩牌。如果方块不是 3-3 分布，你就需要在红花色中尝试挤牌。这需要持有四张或以上方块的防家同时持有♡K。随便哪手赢进方块换攻后，兑现♡A——这是维也纳妙招，为了解放♡Q 使其成为单张威胁张。你再兑现一轮方块大牌并连打梅花顶张，到达如下终局：

♠—
♡6
◇K 7
♣—

♠—
♡K
◇10 8
♣—

♠—
♡J 10 7
◇—
♣—

♠—
♡Q
◇6
♣J

这是最简单的单挤终局。当你打出♣J时，西家不得不垫掉他在红花色中的一个护张。

由于是西家遭到紧逼，他必须要在明手垫牌前选择自己的垫牌，兑现♡A（维也纳妙招）的好处可能没有那么明显。假设你省略了这一步骤，直接兑现梅花顶张。现在的局势如下：

	♠— ♡A 6 ♢K 7 ♣—	
♠— ♡K 8 ♢10 8 ♣—	N W E S	♠— ♡J 10 7 5 ♢— ♣—
	♠— ♡Q 9 ♢6 ♣J	

当你打出♣J，西家同样遭到了紧逼。让我们假设他垫掉了♡8，现在你应该从明手垫掉哪张牌呢？你尝到了没有先兑现♡A的苦果——必须猜牌了！如果方块实际是3-3分布，西家所剩的四张牌就应该是♡KJ8和♢10，你就应该垫掉♡6来完成定约；但如果牌张分布如牌型表中所示时，致胜的打法就是垫掉♢7，并兑现红心A和Q。

正如我们在前面的问题中所指出的一样，采用维也纳妙招将使你免于猜断。回到上一页的第一个终局局势，你会发现不需要任何猜断。当你打出挤张时，如果♡K没有从任何一个防家手中出现，你就别无选择，只能连打两轮方块寄希望于是3-3分布。

习题 21

♠J 10 6 5
♡7 6 2
◇A 10 7 3
♣K 8

首攻♡K

♠A K Q 9 4 2
♡A J 5
◇K 6
♣A Q

西	北	东	南
			2♣
不叫	**2NT**	不叫	**3♠**
不叫	**4♣**	不叫	**6♠**
全不叫			

防守你的黑桃小满贯，西家首攻♡K。你计划如何做庄？

习题 22

♠A 7 5
♡A K 7 2
◇Q 10 5
♣A Q 4

首攻♡10

♠Q 9 2
♡Q J 5
◇A 4
♣K J 10 6 3

西	北	东	南
			1♣
3♠	加倍*	不叫	3NT
不叫	6NT	全不叫	

防守 6NT，西家首攻♡10。你计划如何取得十二墩牌？

习题 23

♠6 5
♡J 10 6
◇A Q 10 8 7
♣Q J 5

首攻♠8

♠A Q 4 2
♡A 5
◇K J 4 3
♣A K 6

西	北	东	南
		2♠*	**3NT**
不叫	**6NT**	全不叫	

防守你的 **6NT**,西家首攻♠**8**。你计划如何做庄?

习题 24

♠A Q 2
♡A K 3 2
◇K J 6 2
♣A 9

首攻♡7

♠—
♡Q J 10 8 6 4
◇A 7 5 4
♣K 8 7

西	北	东	南
			1♡
1♠	2♠	不叫	4♡
不叫	4NT	不叫	5◇*
不叫	5♠*	不叫	6♣*
不叫	7♡	全不叫	

防守你的大满贯，西家首攻将牌，东家跟出。你计划如何做庄？

解答21

♠J 10 6 5
♡7 6 2
◇A 10 7 3
♣K 8

♠8
♡K Q 10 9 3
◇Q 9 5 4
♣10 6 3

♠7 3
♡8 4
◇J 8 2
♣J 9 7 5 4 2

♠A K Q 9 4 2
♡A J 5
◇K 6
♣A Q

西	北	东	南
			2♣
不叫	2NT	不叫	3♠
不叫	4♣	不叫	6♠
全不叫			

防守你的黑桃小满贯，西家首攻♡K。在梅花中的点力重复很烦人,一眼看上去你不得不承担两个红心输墩。你能发现有什么取得十二墩牌的机会吗?

如果西家开叫了弱二红心,他就极有可能持有六张红心。你可以采用消去打法的路线:赢进第一轮红心,清将,兑现方块顶张并将吃一次方块。随后你将兑现梅花A和K,回到明手。最后你打出第四轮方块脱手给东家(你希望如此),自己手中垫掉一个红心输张。东家只能送给你一个将吃垫牌。

在这里你也可以选择这条路线，但更好的机会还是应该尝试在红花色中对西家实施挤牌。你忍让第一轮红心来调整输张,偶尔你也会遇到觉得续出第二轮红心是个好主意的防家。但这不是经常会发生的事……让我们假设西家换攻了一张将牌。如果你连续调将并兑现你在黑花色中的赢墩会发生什么?没人会遭到紧逼,因为此时两位防守人在方块套中都持有护张。在清第二轮将牌后，你应该兑现方块 K 和 A 并随后将吃一轮方块。这将消去东家的方块护张，留下西家独自守卫这门花色。当你最终打出挤张时，你需要停留在明手，即和方块单张威胁张在同一手。因此你应该先兑现剩下的全部将牌，接着是梅花 A 和 K。这将是第二轮梅花即将打出时的局势：

	♠— ♡7 ♢10 ♣K	
♠— ♡Q 10 ♢Q ♣—	N W E S	♠— ♡8 ♢— ♣J 9
	♠— ♡A J ♢— ♣Q	

你引出♣Q 到明手的♣K，西家在红花色中遭到了紧逼。他无法承受垫掉♢Q，因为你将吃第三轮方块消去了东家在这门花色中的护张，孤立了西家手中的方块护张；西家也无法承受垫掉一张红心。你终于使他陷入了绝境！

解答22

北
♠A 7 5
♡A K 7 2
◇Q 10 5
♣A Q 4

西
♠K J 10 8 6 4 3
♡10 9
◇K 6 2
♣8

东
♠—
♡8 6 4 3
◇J 9 8 7 3
♣9 7 5 2

南
♠Q 9 2
♡Q J 5
◇A 4
♣K J 10 6 3

西	北	东	南
			1♣
3♠	加倍*	不叫	3NT
不叫	6NT	全不叫	

防守 **6NT**，西家首攻♡**10**。你有十一个大牌赢墩，并有机会朝明手的方块结构引◇**4**，来尝试获取第十二墩牌。如果西家持有一张缺失的方块大牌，并且你猜对了，你马上就能够建立起第十二墩牌。在西家持有双张方块大牌时，你的定约也能回家——即便他放小你猜错了，他的大牌也将在你打出 **A** 时跌落。如果西家原始持有◇**K××**或◇**J××**，并且你从明手选择出牌时猜错了怎么办？你可以在黑桃和方块中对西家实施挤牌。

你用♡**Q** 赢进首攻的♡**10** 后，引出◇**4**。西家放小，你必须猜测从明手上哪张牌。如果你的选择是◇**Q**……干得漂亮！你可以摊牌宣称十二个赢墩了。假设你把你的猜牌神靴落在了家里，让明手出了◇**10**，输给了◇**J**。正如你之前所猜测的一样，东家没有黑桃可回（幸亏如此，否则这将破坏你计划实施的挤牌）。他回攻一张方块，放下了你的 **A**，西家只跟出了一张小牌。现在怎么办？你先兑现红心赢墩，接着是梅花。为什么要选择这样的次序？因为当你打出挤张时，你需要停留在南家手中——这样西家就需要在明手之前选择垫牌。

在四轮红心和四轮梅花过后，局势如下：

西	北 / 南	东
	♠A 7 ♡— ♢Q ♣—	
♠K J ♡— ♢K ♣—	N W E S	♠— ♡— ♢8 7 3 ♣—
	♠Q 9 ♡— ♢— ♣10	

你打出♣10，西家不得不给单张威胁张（♢Q）或是黑桃中分离的双张威胁张让路。

如果你对这样的局势有很好的感觉，你就能够在脑海中想象出最后的终局画面，并发现很显然需要在兑现梅花之前先兑现红心赢墩。如果没有这样做，想想你在兑现红心前先连打了五轮梅花将会是什么情况。这将是所面临的局势：

西	北 / 南	东
	♠A 7 ♡A K 7 ♢Q ♣—	
♠K J 10 8 ♡9 ♢K ♣—	N W E S	♠— ♡8 6 4 ♢8 7 3 ♣—
	♠Q 9 2 ♡J 5 ♢— ♣10	

看起来不妙，是不是？在最后一张梅花上，西家毫无压力。但与此同时，明手却没有合适的垫牌了。如果你垫掉♠7，西家的♢K 就将取得最后一墩牌。

解答 23

	♠6 5 ♡J 10 6 ◇A Q 10 8 7 ♣Q J 5	
♠8 ♡Q 9 4 3 2 ◇9 6 2 ♣10 8 3 2	N W E S	♠K J 10 9 7 3 ♡K 8 7 ◇5 ♣9 7 4
	♠A Q 4 2 ♡A 5 ◇K J 4 3 ♣A K 6	

西	北	东	南
		2♠*	3NT
不叫	6NT	全不叫	

防守 **6NT**，西家首攻♠**8**。算上两墩黑桃，你能够数出十一个大牌赢墩。如果东家持有♡**Q**×或♡**K**×，你能够在红心上强行发展出一个额外的赢墩。你可以从明手引出♡**J**，如果东家用他的双张大牌盖打，你就用 **A** 赢进后再朝着♡**10** 引牌；如果相反他放小，你的 **J** 会输给西家的大牌，但随后 **A** 将击落东家所剩的大牌并建立起♡**10**。

但是在眼前这一牌例中，你能够做得更好。东家独自守卫着黑桃，只要他持有一张红心大牌，在后期就能够对他实施挤牌，即使这张大牌有两个护张。

你用 **Q** 赢进黑桃首攻，出方块进入明手。当你引出♡**J** 时，东家进退两难。如果他盖打，你就用 **A** 赢进并朝着♡**10** 引小牌，从而建立起第十二个赢墩。假设他实际上放小，遵从不应该盖打连接张中的第一张这一原则，西家将用♡**Q** 赢进。如果西家还有第二张黑桃，他就能够破坏你的挤牌计划，顶出你暗手双张威胁张的进张——♠**A**。正如你所期待的，他原本只有一张黑桃，只能回出其他花色。他回攻哪门花色并无差别，就让我们假设他回攻了一张方块吧。你赢进后兑现♡A，维也纳妙招来解放明手的♡10使其成为单张威胁张。随后你兑现剩余的全部低花赢墩，最终停留在明手。这是还剩最后一张方块没有兑现时的局势：

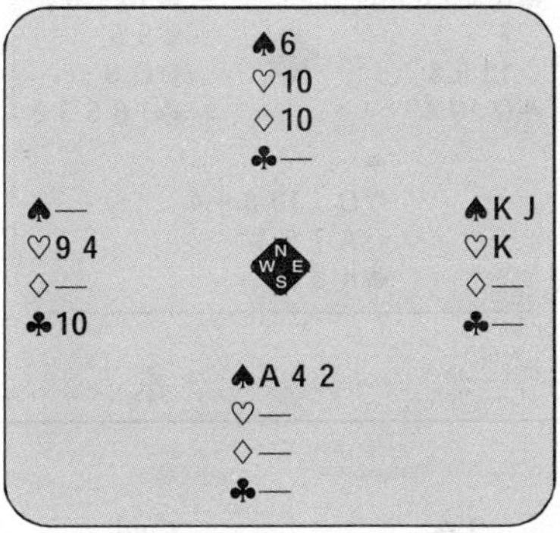

当你打出◇10，也就是挤张时，东家在两门高花中遭到了紧逼。他不得不给你的单张威胁张（♡10）或你的双张威胁张（♠A4）让路。

解答24

♠A Q 2
♡A K 3 2
◇K J 6 2
♣A 9

♠K J 9 8 4 3
♡7
◇10 8 3
♣Q 10 4

♠10 7 6 5
♡9 5
◇Q 9
♣J 6 5 3 2

♠—
♡Q J 10 8 6 4
◇A 7 5 4
♣K 8 7

西	北	东	南
			1♡
1♠	2♠	不叫	4♡
不叫	4NT	不叫	5◇*
不叫	5♠*	不叫	6♣*
不叫	7♡	全不叫	

北家的 5♠也是罗马关键张黑木问叫的一部分，是询问你是否持有将牌 Q。你的 6♣是在说："是的我有，并且我还有♣K！"防守你的红心大满贯，西家首攻将牌。你能够轻松数出十二墩牌，包括让明手将吃一次梅花。由于你无法进行黑桃飞牌，看起来你只能寄希望于飞西家的◇Q 了。实际上，利用你已知的西家持有♠K 的信息，你能够做得更好。在动方块之前，先奔吃你旁套的全部赢墩，你将能够探查出东家是否持有双张◇Q 从而可以击落它。

你赢进将牌首攻，并清第二轮将。随后你兑现梅花 A 和 K，并将吃一轮梅花。在兑现♠A，垫掉一张方块后，你手上将吃♠2，兑现◇A，然后奔吃剩余的全部将牌。当还剩最后一张将牌没有兑现时的局势如下：

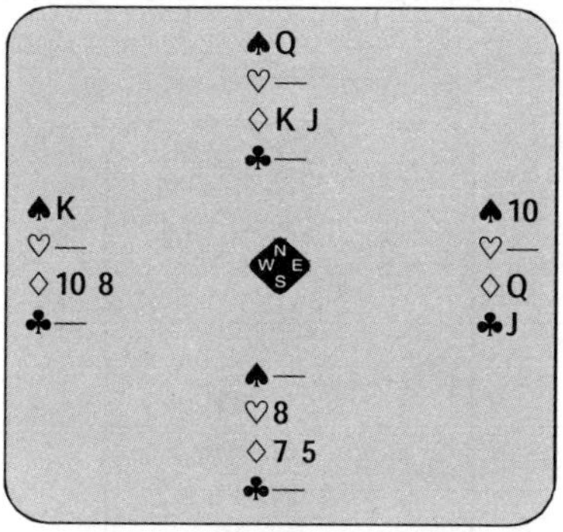

当你打出最后一张将牌，西家必须保留♠K 来守卫明手的单张威胁张♠Q。因此他只能垫掉◇8。你扔掉明手的♠Q，东家垫掉♣J。接着你朝明手的◇KJ 引方块，西家掉出了◇10。你的计划是什么？你准备用◇J 飞牌吗？

西家手中只剩下一张牌了，众所周知那是♠K，因此出◇J 是不可能成功的。即使你没有紧盯着每一张牌，你也清楚唯一的机会是从明手上◇K。Q 从东家手中跌落，你在◇Q 不对位的情况下完成了满贯。

在这里发生了什么？西家并没有真的遭到紧逼，因为他在初始时并不需要守卫方块。然而由于他不得不将手中的方块减为两张，这就使你能够在明手决定打出哪一张方块之前，得以看清他方块的准确持牌，让你在这门花色中免于猜断。你确知西家不可能持有◇Q，因此唯一的机会就是击落外面所剩的这张牌。这一打法称为“显露式挤牌”。方块的分布是“显露式”的，或者说将会暴露。

回顾整手牌的牌型分布，如果明手并非持有◇KJ62 而是◇K862，完全一样的打牌路线同样会取得成功。如果西家原始持有三张方块和♠K，他将在你的最后一个赢张下遭到紧逼。仅仅是因为你在方块上还有可以进行飞牌的另一个选择，才使得这一打法没有被直截了当的称为“单挤”，而是被称作“显露式挤牌”。

习题 25

	♠A 5 ♡K Q 10 4 ◇Q 9 7 ♣K 7 6 3
首攻♣J	
	♠K Q 9 7 ♡A J 6 3 2 ◇A 10 ♣A 4

西	北	东	南
			1♡
不叫	2NT*	不叫	3♡
不叫	3♠	不叫	4NT
不叫	5♠*	不叫	5NT
不叫	6♣*	不叫	7♡
全不叫			

西家首攻♣J，你计划如何完成你的大满贯？

习题26

	♠J 10 2 ♡A 6 2 ◇7 3 2 ♣A Q J 10
首攻♡K	N W E S
	♠A K Q 9 5 4 ♡J 8 ◇A 9 6 ♣8 2

西	北	东	南
			1♠
不叫	2♣	不叫	3♠
不叫	4♡	不叫	5◇
不叫	6♠	全不叫	

你计划如何做庄？(你会发现东家持有三张将牌)

习题 27

	♠K J 7 ♡5 ♢A K 9 4 3 ♣K 8 6 2
首攻♠2	N W E S
	♠A Q 10 9 4 3 ♡K 8 4 ♢— ♣A 9 5 4

西	北	东	南
3♡	加倍	不叫	6♠
全不叫			

防守你的小满贯，西家首攻调将。你计划如何完成定约？

习题 28

♠A 8 6 5
♡9 6
◇A 10 7 4 3
♣8 5

首攻♠K

♠10 4 3
♡A K Q J 5 4 3
◇K 6
♣A

西	北	东	南
		3♣	加倍
不叫	3◇	不叫	4♡
不叫	6♡	全不叫	

认为你的牌远远好于直接争叫 4♡，你先加倍再叫 4♡。同伴深受这样叫牌所展现出的牌力的影响，直接加叫到小满贯。西家首攻♠K，你计划如何完成定约？

解答 25

	♠A 5 ♡K Q 10 4 ◇Q 9 7 ♣K 7 6 3	
♠10 8 4 3 ♡8 ◇K 8 4 2 ♣J 10 9 5	N W E S	♠J 9 2 ♡9 7 5 ◇J 6 5 3 ♣Q 8 2
	♠K Q 9 7 ♡A J 6 3 2 ◇A 10 ♣A 4	

西	北	东	南
			1♡
不叫	2NT*	不叫	3♡
不叫	3♠	不叫	4NT
不叫	5♠*	不叫	5NT
不叫	6♣*	不叫	7♡
全不叫			

对你的罗马关键张黑木 5NT 问叫，北家回答持有♣K。防守你的红心大满贯，西家首攻♣J，你用 A 赢进。你有十一个大牌赢墩，通过让明手将吃一次黑桃或是让暗手将吃两次梅花，都能使赢墩数增加到十二个。在这两种情况下，你都需要通过实施挤牌来产生第十三个赢墩。有了这一概念在脑中，你应该将吃梅花还是黑桃呢？

假设你选择将吃一次黑桃。你在低花中需要实施什么样的挤牌才能产生第十三墩呢？前景非常黯淡。你需要西家同时持有五张梅花和◇K，或是东家同时持有五张梅花和◇KJ（请注意你无法通过将吃第三轮梅花来孤立梅花威胁张。因为挤张是南家手中的最后一张将牌，而你将不再有进张能够进入明手）。

更好的办法是让暗手将吃两个梅花输张。在任一防家同时持有四张黑桃和◇K时，你都能够通过实施挤牌来获得第十三墩牌。在用A赢进梅花首攻后，清两轮将牌，西家将在第二轮上示缺。随后你用♣K过桥并将吃一次梅花，调将到明手使你能够将吃最后一张梅花。现在你进行关键的一步——兑现◇A，这是维也纳妙招，解放明手的◇Q成为一个无拘无束的单张威胁张。最后你用♠A过桥，局势如下：

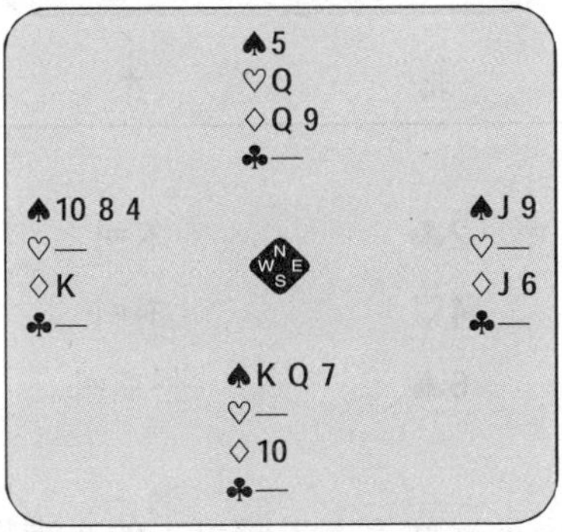

你打出♡Q，也就是挤张，从手中垫掉◇10。西家的确原始持有四张黑桃和◇K。于是他被简单挤牌挤住，不得不放弃他的一个护张。

一个具有数学头脑的读者也许会想到：你认为实际中存在黑桃和方块挤牌的机率有多大？如果黑桃是4-3分布，持有四张黑桃的防守人将会有九个非黑桃的空位，而他的搭档有十个。也就是说有十九分之九（约47%）的概率他还同时持有◇K，挤牌将能够奏效。如果守卫黑桃的防守人持有五张黑桃，他同时持有◇K的概率就是十九分之八（约42%）。综上所述，我们推荐的路线大约有45%的机率能够成功，远远优于那些你在开始时就让明手将吃一次黑桃的机会。

解答26

	北	
	♠J 10 2 ♡A 6 2 ◇7 3 2 ♣A Q J 10	
西 ♠6 ♡K Q 10 7 4 ◇J 8 5 ♣K 9 7 5	W N E S	**东** ♠8 7 3 ♡9 5 3 ◇K Q 10 4 ♣6 4 3
	♠A K Q 9 5 4 ♡J 8 ◇A 9 6 ♣8 2	

西	北	东	南
			1♠
不叫	2♣	不叫	3♠
不叫	4♡	不叫	5◇
不叫	6♠	全不叫	

你叫到了一个远远称不上无懈可击的小满贯。西家首攻♡K，你的同伴把全部希望都寄托在了你身上！你计划如何尝试取得十二墩牌？

你应该立刻用♡A 赢进，留意到你暗手的♡J 也许在打牌的后期能够给你一个投入西家的机会。你调三轮将清光将牌，用♣Q 飞牌成功。但不幸的是，这还不足以让你完成定约。要完成小满贯，你需要取得四个梅花赢墩。如果西家在这门花色原始持有两张或三张，一切将很轻松。但如果他原始持有四张或以上的梅花，你就需要对他实施挤牌。

你用◇A 回手，东家冲上了◇Q，显然现在重复梅花飞牌还为时过早。你必须连续兑现你剩余的将牌，对西家施压。西家需要保留♡Q 来阻止你的♡J 得墩，同时还需要保留他全部的梅花避免你通过再一次飞牌就树立好这门花色。因此西家只能垫掉一些方块。你将会到达如下局势：

	♠— ♡6 ◇— ♣A J 10	
♠— ♡Q ◇— ♣K 9 7	N W E S	♠— ♡9 ◇K 10 ♣6
	♠— ♡J ◇9 6 ♣8	

你用♣J 飞牌，并随后出红心投入给西家的♡Q。现在必须要感激他从自己的梅花 K-9 中引牌进入明手的 A-10，送给你最后两墩牌并完成满贯。

在最后的终局是否需要猜断呢？的确如此。因为如果西家原始持有♣K××，致胜的路线就应该是在第三轮梅花上兑现♣A。在类似的局势下，通常都会有一些线索来引导你。东家在第一轮方块冲上◇Q 的事实告诉你他还持有◇K，因此在西家垫掉◇J 时他多半已经没有方块了。与此类似，西家垫掉♡10，他很可能只剩下了♡Q，从而他还留有的牌张应该是♣K9。

所有这些推断都不是确定无疑的，因为一个富有经验的防守人有时会扔掉一张不必要的大牌来误导庄家判断他实际所剩的牌张。好消息是每当你遇到一位如此“聪颖”的防家后，你还会碰到半打不具备如此表演技巧的人，他们几乎永远从小到大垫一门花色。

这一牌局是另外一个“无需调整输张的挤牌”的牌例，一位防守人遭到紧逼，无法保留他的赢张或安全的脱手张。在本副牌中，西家受挤无法留有红心赢墩和能够安全脱手的方块。只得保留♡Q 和♣K9，其结果就是让你能够投入给他，迫使他引牌进入明手的梅花嵌张。

解答27

	北	
	♠K J 7 ♡5 ♢A K 9 4 3 ♣K 8 6 2	
西 ♠5 2 ♡A Q J 7 6 3 2 ♢10 8 6 ♣7		东 ♠8 6 ♡10 9 ♢Q J 7 5 2 ♣Q J 10 3
	♠A Q 10 9 4 3 ♡K 8 4 ♢— ♣A 9 5 4	
	南	

西	北	东	南
3♡	加倍	不叫	6♠
全不叫			

防守你的黑桃小满贯,西家首攻调将。这是一个犀利的首攻,因为在任何其他首攻下,你都能够让明手将吃两次红心,并最终用明手的方块顶张垫掉你的两个梅花输墩。你让明手赢进将牌首攻,并将吃一次方块,因为你的一个机会(在西家阻击后希望渺茫)就是方块 4-4 分布。随后你打出♡K,希望西家不得不赢进后没有第二张将牌可回。哦不,他用 A 赢进,并调出第二轮将牌,东家跟出,你暗手赢进。现在怎么办?

如果防守方的梅花是 3-2 分布,你可以兑现梅花 A 和 K,并用方块 A-K 垫掉你剩余的梅花。随后你可以将吃一次梅花并树立起第十二个赢墩, 通过用明手所剩的最后一张将牌将吃红心来进手享用它。但还存在更好的路线。立即将吃你的最后一张红心并兑现方块 A 和 K,垫掉一张红心和一张梅花。当你在暗手再次将吃方块后,西家示缺。

现在你已确知东家在独自守卫两门低花。当你奔吃你剩余的将牌时,将会到达如下终局:

	♠— ♡— ◇9 ♣K 8 6	
♠— ♡Q J 7 ◇— ♣7	N W E S	♠— ♡— ◇Q ♣Q J 10
	♠9 ♡— ◇— ♣A 9 5	

你打出♠9，从明手垫掉一张小梅花。东家在两门低花中遭到紧逼，不得不给明手的◇9（单张威胁张）或是你手中的♣9（双张威胁张）让路。你看到这一梅花结构的威力，由于你在两手中都留有进张，即使东家位于单张威胁张的后面，你仍然能够对他实施挤牌。

如果防守方能够打出哪怕仅仅是一轮梅花，扼杀掉其中一个进张，他们就能够阻止挤牌的发生。但对于他们来说非常不幸的是，这将使你能够让明手将吃两次红心。防守方能够阻止你的任何一条致胜路线，但无法同时消灭两条！

解答28

	北	
	♠A 8 6 5 ♡9 6 ◇A 10 7 4 3 ♣8 5	
♠K Q J 9 2 ♡2 ◇Q 9 8 2 ♣10 3 2	N W E S	♠7 ♡10 8 7 ◇J 5 ♣K Q J 9 7 6 4
	♠10 4 3 ♡A K Q J 5 4 3 ◇K 6 ♣A	

西	北	东	南
		3♣	加倍
不叫	3◇	不叫	4♡
不叫	6♡	全不叫	

防守你的红心小满贯,西家首攻♠K。你有十一个大牌赢墩,由于♠A 被顶掉,将无法享受方块 3-3 分布的好处。你需要在黑桃和方块中实施挤牌,来使赢墩数达到十二个。唯一能够调整输张的办法就是忍让第一轮黑桃。但这里有一点点危险,如果东家持有单张黑桃,他将能够将吃续攻的黑桃。更为重要的是,如果西家确实独自守卫着黑桃和方块,你不需要调整输张也能够对他实施挤牌。

你用明手的♠A 赢进第一墩,然后清将。东家跟出三轮将牌是一个好兆头,因为这说明他在黑桃和方块中都非常短。这大大增加了西家独自守卫这两门花色的机率,他将随后陷入挤牌的罗网。

你继续兑现四轮将牌,到达如下局势:

	♠8 6 ♡— ◇A 10 7 ♣—	
♠Q J ♡— ◇Q 9 8 ♣—	N W E S	♠— ♡— ◇J 5 ♣K Q J
	♠10 4 ♡— ◇K 6 ♣A	

西家必须要保留两个黑桃止张，否则你将能够建立起一个黑桃赢墩；由于他还必须保留方块护张，只能垫掉他全部的梅花。现在你打出♣A 来挤住西家。果然，他开始不停地摇头——这是一个充满希望的标志。如果他垫掉一张黑桃，你就从明手垫掉一张方块（或黑桃），并建立起一个黑桃赢墩。梅花没有控制现在已经无关紧要，因为西家已经没有梅花可出。

如果相反西家垫掉了一张方块，你就从明手垫掉一张黑桃，然后尝试兑现三轮方块赢墩。在这一牌局下，你将会取得成功。

又是一个无需调整输张的挤牌。在紧逼已经发生后，你才让送掉一墩牌。如果你是在打 6NT 定约，你就应该忍让第一墩牌，让西家的♠K 赢进。随后就可以在黑桃和方块中进行单挤了。在打 6♡时，忍让第一墩牌并不安全，因为你可能会（在这里会实际发生）遭到将吃。

习题 29

	♠6 2 ♡Q 5 ◇A K 8 7 4 3 ♣A 7 5	
首攻♠5	W N E S	
	♠A K Q J 10 7 ♡A 7 ◇10 ♣K Q 8 4	

西	北	东	南
	1◇	不叫	2♠
不叫	3◇	不叫	3♠
不叫	4♣	不叫	4NT
不叫	5♡*	不叫	7♠
全不叫			

防守你的大满贯，西家首攻♠5。你计划如何做庄？

习题30

♠A J 6 2
♡8 6
♢A J 7 2
♣A 10 6

首攻♣3

♠K Q 10 8 7
♡A 9
♢Q 5 3
♣8 5 2

西	北	东	南
3♡	加倍	不叫	**4**♠
全不叫			

这一次叫牌没什么可抱怨的！西家首攻♣**3**,你计划如何完成定约？

习题31

♠9 7 4 3
♡Q J 8
◇A 4 3
♣A K Q

首攻♡2

♠A J 5
♡A K 10 9 7 3
◇K J 5
♣9

西	北	东	南
	1NT	不叫	**3♡**
不叫	**4♣**	不叫	**4NT**
不叫	**5♠***	不叫	**5NT**
不叫	**6♣***	不叫	**7♡**
全不叫			

在一场比赛中处于落后的局势，你决定拼搏红心大满贯来弥补亏空。西家首攻小将牌,你计划如何完成7♡？

习题 32

	♠Q 8 6 2 ♡9 7 6 2 ◇A 6 ♣A K 8
首攻♠10	N W E S
	♠5 ♡A K Q J 8 5 4 ◇K 10 ♣10 3 2

西	北	东	南
		1♠	4♡
不叫	5♡	不叫	6♡
全不叫			

西家首攻♠10，并在第二墩继续出♠9。你计划如何完成这一小满贯？

解答 29

	♠6 2 ♡Q 5 ◇A K 8 7 4 3 ♣A 7 5		
♠9 5 ♡K J 9 8 4 3 ◇6 ♣J 9 6 3	N W E S	♠8 4 3 ♡10 6 2 ◇Q J 9 5 2 ♣10 2	
	♠A K Q J 10 7 ♡A 7 ◇10 ♣K Q 8 4		

西	北	东	南
	1◇	不叫	2♠
不叫	3◇	不叫	3♠
不叫	4♣	不叫	4NT
不叫	5♡*	不叫	7♠
全不叫			

防守你的黑桃大满贯，西家首攻♠5。你调三轮将清光将牌，兑现方块 A 和 K，手中垫掉一张红心。如果方块是 3-3 分布，你只需将吃一次就能够树立好这门花色——但显然不是今天。东家持有五张方块，你必须寻找其他机会。如果梅花是 3-3 分布则一切顺利，否则你就需要挤牌。你能够看出存在哪些机会吗？

你已经知晓东家独自守卫着方块。如果他还持有四张或以上的梅花，你就能够在两门低花中对他实施挤牌。另外一种可能是同一防守人持有四张或以上的梅花和♡K。你必须精心规划做庄路线，使你在这两种分布下都能够获益。你将吃一次方块回到暗手，兑现♡A（解放明手的♡Q 使其成为单张威胁张），然后奔吃你剩余的黑桃。当还剩一张黑桃没有兑现时，局势非同寻常：

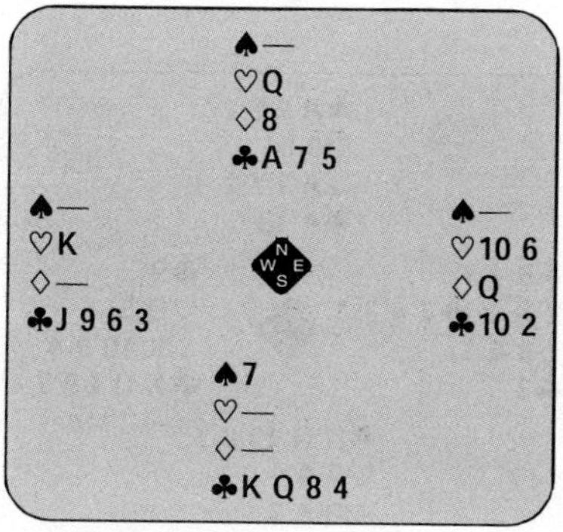

♠7 是挤张，你的双张威胁张包含在梅花套中。不同寻常的特征是明手包含两个单张威胁张：♡Q 和◇8！当持有梅花护张的防守人同时持有♡K 或是◇Q 时，单挤都将取得成功。

在牌张分布如牌型表中所示时，西家将会遭到紧逼。当你打出♠7 时，他将不得不弃守红心或梅花。大满贯回家了。

假设是东家而非西家持有梅花护张。终局将如下：

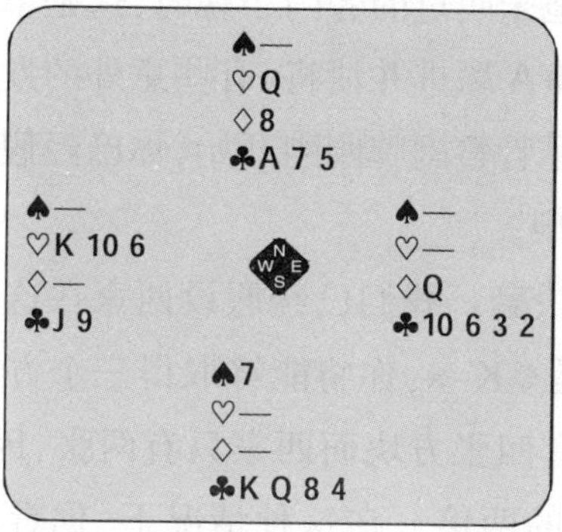

你打出♠7，从明手垫掉一张梅花。东家在两门低花中受挤，不得不送给你第十三墩牌。在同一副牌中，你可以兼顾两个不同的单挤机会。

解答30

北
♠A J 6 2
♡8 6
◇A J 7 2
♣A 10 6

西
♠5 4 3
♡K J 10 7 4 3 2
◇8 6
♣3

东
♠9
♡Q 5
◇K 10 9 4
♣K Q J 9 7 4

南
♠K Q 10 8 7
♡A 9
◇Q 5 3
♣8 5 2

西	北	东	南
3♡	加倍	不叫	4♠
全不叫			

防守你的黑桃成局定约,西家首攻♣3。当你在打有将定约,阻击人首攻一张他未叫过的旁门小牌时,这是单张的可能性非常高。你用明手的♣A 赢进并清将,有些意外的发现西家在将牌花色中持有三张。尽管整副牌刚刚开始,你已经假定西家很可能是持有 3-7-2-1 牌型。

现在来看方块套。我们已经假设西家在这门花色中持有双张,如果他所持是◇K-×,你将能够取得三个方块赢墩并完成定约。由于东家持有四张方块而西家只有两张,因此东家持有◇K 的可能性是西家的两倍。在这种情况下,你看出如何能够完成定约了吗?

你应该在第三轮将牌上止于明手, 朝暗手的 Q 引小方块。东家在此时不能冲上◇K,如果他这样做了你就能够取得三个方块赢墩,可以垫掉手中的红心输张。他只能放小,让你用◇Q 赢进。现在如何继续?你计划在适当的时机用梅花投入东家,让他只能兑现到三个赢墩,随后则不得不引牌进入明手的◇AJ。

为了建立起这样的局势，你必须兑现你剩余的将牌。这是还剩一张将牌没有兑现时的局势：

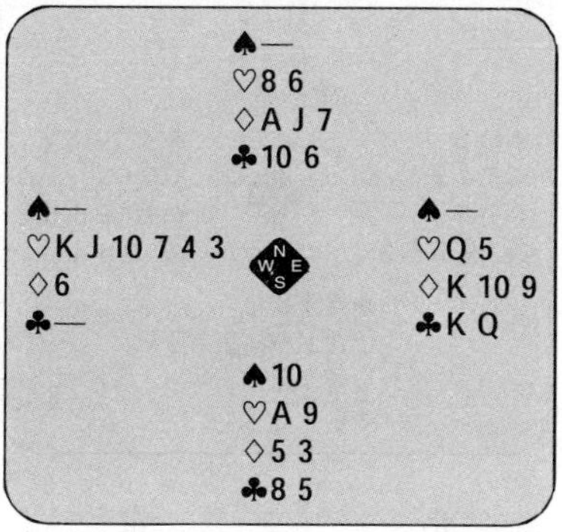

你在打 4♠定约，需要取得十墩，但到目前为止还一墩未失。换句话说，你离调整好输张还有三墩牌的差距。尽管如此，东家仍旧难逃某种挤牌局势的罗网。

意识到如果他只留下一大堆梅花和带护张的◇K 将会吃投入，东家垫掉两张梅花，精心保留着他的两张红心。但是你现在打出♠10，明手垫掉一张红心。东家能垫哪张牌呢？如果他垫掉一张方块，你就能够让送一轮方块建立起明手一个额外的方块赢墩；如果相反他垫掉一张梅花，你就能够出梅花建立起一个梅花赢墩。因此东家只好垫掉一张他的红心。随后你兑现♡A，消去东家在这门花色中的最后一张牌，并用梅花脱手。东家赢进后可以再兑现一墩梅花，但他最终只得引牌进入明手的◇A-J，让你完成定约。

对这一类型的打法有两个常用称谓。有非常充足的理由可以将其视为一种形式的挤牌，因为东家是遭到紧逼才无法保留脱手张，在这种情况下你可以称之为“剥光挤牌”。另一个选择是你也许将其视为一种“剥光投入”打法的变形，这并不是很标准的形式，因为剥光投入打法通常不包含任何挤牌元素——你只需兑现赢张，然后投入对手。

解答31

♠9 7 4 3
♡Q J 8
◇A 4 3
♣A K Q

♠Q 6
♡5 4 2
◇Q 7
♣J 8 7 5 3 2

♠K 10 8 2
♡6
◇10 9 8 6 2
♣10 6 4

♠A J 5
♡A K 10 9 7 3
◇K J 5
♣9

西	北	东	南
	1NT	不叫	3♡
不叫	4♣	不叫	4NT
不叫	5♠*	不叫	5NT
不叫	6♣*	不叫	7♡
全不叫			

西家首攻将牌,南家赢进。有两个原始机会能够使你的赢墩数达到十三墩:如果黑桃是 3-3 分布,你可以用明手的梅花垫掉两张黑桃,并让暗手将吃两次黑桃来建立好明手的长黑桃赢墩。如果这条路线失败了,你还可以回到方块飞牌的机会上去。

你还可以改善这条路线。在东家持有四张或以上的黑桃和五张方块时,在这两门花色中存在一个显露式挤牌。在赢进将牌首攻后,你兑现♠A 和明手的三个梅花顶张,垫掉手中剩余的两张黑桃。大将吃黑桃时,西家跌落了 Q。你用将牌再次进入明手,再大将吃一次黑桃。不幸的是这门花色并非 3-3 分布,西家在将吃第二轮时示缺了。现在怎么办?

留给你的主要机会就是飞东家持有◇Q。但是先奔吃你剩余的将牌,将能够使东家只能保留两张方块(因为他必须保留他的黑桃护张)。这使你能够在西家原始持有双张◇Q时,也能完成大满贯。

还剩一张将牌没有兑现时,还留有这些牌张:

北:
♠9
♡—
◇A 4 3
♣—

西:
♠—
♡—
◇Q 7
♣J 8

东:
♠K
♡—
◇10 9 8
♣—

南:
♠—
♡9
◇K J 5
♣—

你打出♡**9**,从明手垫掉一张方块。东家必须保留♠**K**,因此他只能再垫掉一张方块。当你出方块到 **A** 并继续打第二轮方块时,东家跟出了◇**9** 和◇**10**——这就是他最后的两张方块!此时再用◇**J** 飞牌毫无意义。你上◇**K**(是的,这很幸运),◇**Q** 从西家手中跌落。你用◇**J** 取得了第十三墩牌,将大满贯收入囊中。

和我们前面见过的显露式挤牌的牌例(习题 **24**)一样,即使将能够用于飞牌的大牌(本例中为◇**J**)替换为一张小牌,挤牌也同样能够奏效。东家独自守卫着黑桃和方块,将受到单挤被擒获。**J** 只是给你提供一个方块飞牌的机会来打宕定约。

解答32

	♠Q 8 6 2 ♡9 7 6 2 ◇A 6 ♣A K 8		
♠10 9 3 ♡10 3 ◇J 7 5 4 3 ♣9 7 6		♠A K J 7 4 ♡— ◇Q 9 8 2 ♣Q J 5 4	
	♠5 ♡A K Q J 8 5 4 ◇K 10 ♣10 3 2		

西	北	东	南
		1♠	4♡
不叫	5♡	不叫	6♡
全不叫			

北家的5♡是请你在有黑桃控制时叫小满贯。西家首攻♠10防守你的小满贯,并取得了第一墩。他继续出♠9,东家用J盖打,你手上将吃。你调两轮将清光王牌,开始思考如何避免再输掉一墩梅花。有什么主意吗?

唯一现实的机会是在两门黑花色中实施挤牌。这不可能是一个直截了当的单挤,因为东家(预计的受害人,因为你已知他守卫着黑桃)位于明手之后。他能够跟着明手垫牌。尽管如此,还是存在一个我们之前从未遇见过的技巧,能够让你对他实施挤牌——这就是称之为将吃挤牌的技巧。

你奔吃全部将牌直至还剩一张,垫掉明手的(这可能会令你大吃一惊)♣8。随后你兑现◇K,外面还剩下这些牌张:

	北	
	♠Q 8 ♡— ◇A ♣A K	
♠3 ♡— ◇J ♣9 7 6	N W E S	♠A K ♡— ◇— ♣Q J 5
	♠— ♡5 ◇10 ♣10 3 2	

你用◇A过桥，东家必须再垫一张牌。如果他垫掉一个黑桃大牌，你就将吃一次黑桃并树立起明手的♠Q；如果相反他垫掉一张梅花，你就兑现梅花A和K，建立好手中的♣10。随后你可以通过将吃黑桃进入南家，来享用梅花赢墩。这一打法被称之为“将吃挤牌”，因为在紧逼发生后，其中的一个选择是通过将吃来建立赢墩。

在这一特定的牌例中，判断东家所余持牌没有什么困难。回顾终局局势，如果东家垫掉♣5，你就告诉自己：“他还留有黑桃A和K，因此唯一的机会就是击落梅花Q和J。”如果相反东家垫掉♠K，你就知道外面只剩下♠A和♠3。即使它们都在东家手中（他故意垫掉♠K来愚弄你），你也将能够利用♠Q8来进行将吃飞牌。

有时防守方能够在终局时让你面临猜断，但通常都有足够的线索让你能够正确读牌。

习题33

♠K 6
♡Q 7 6
◇Q 10 4 3
♣A Q 8 6

首攻♡10

♠A Q J 9 8 5 4
♡5
◇A 6
♣K 3 2

西	北	东	南
		1♡	4♠
不叫	5♣	不叫	6♠
全不叫			

首攻红心并续出红心。你计划如何做庄？

习题 34

	♠5 4 ♡A 9 6 4 3 ◇8 6 4 ♣A 6 3
首攻♣K	N W E S
	♠A K Q J 6 2 ♡K Q ◇A K 2 ♣10 7

西	北	东	南
			2♣
不叫	2♡	不叫	3♠
不叫	4♣	不叫	4NT
不叫	5♡*	不叫	5NT
不叫	6♠*	全不叫	

西家首攻♣K,你计划如何完成 6♠?

习题35

	♠A K ♡J 9 7 ◇A J 10 6 2 ♣Q 6 3	
首攻♡K	N W E S	
	♠J 9 5 2 ♡8 5 3 ◇K Q 8 ♣A 8 4	

西	北	东	南
1♣	1◇	不叫	1NT
不叫	3NT	全不叫	

西家持有♡AKQ10，兑现完四轮红心后，转攻♠4。你计划如何完成这一成局定约？

习题 36

	♠K 9 7 ♡A 2 ♢A K 5 2 ♣A K Q 2
首攻♡Q	N W E S
	♠A Q J 8 3 ♡K 5 ♢10 8 6 4 ♣5 4

西	北	东	南
	2♣	不叫	2♠
不叫	3♠	不叫	4♡
不叫	4NT	不叫	5♢*
不叫	5♡*	不叫	6♠*
不叫	7♠	全不叫	

西家首攻♡Q，你计划如何完成这一大满贯？

解答33

	♠K 6 ♡Q 7 6 ◇Q 10 4 3 ♣A Q 8 6	
♠10 7 ♡10 9 3 2 ◇J 7 5 ♣10 9 7 5	N W E S	♠3 2 ♡A K J 8 4 ◇K 9 8 2 ♣J 4
	♠A Q J 9 8 5 4 ♡5 ◇A 6 ♣K 3 2	

西	北	东	南
		1♡	4♠
不叫	5♣	不叫	6♠
全不叫			

尽管你的右手进行了开叫，你仍然叫到了黑桃小满贯。西家首攻♡10，防守方继续出这门花色，你将吃了第二轮。现在如何继续？如果梅花是3-3分布，一切无忧。如果梅花不是平均分配，这里存在什么样的挤牌机会呢？

如果东家持有四张或以上的梅花，你无法在红心和梅花中对他实施挤牌，因为他位于这两门花色的威胁张之后。与此类似，你也不可能对他在红心和方块中进行紧逼。同样的，他也位于明手的这些威胁张之后。

尝试紧逼西家如何？梅花威胁张位于西家后面，因此如果他同时持有◇K和四张或以上的梅花，就有可能受挤。不幸的是东家在第一家位置做出的开叫说明他极可能持有◇K。一个非常聪明的策略是打西家同时持有方块J和四张或以上的梅花，并对他在两门低花中实施挤牌。大致的办法是从明手引◇Q，迫使东家用K盖打。你用◇A赢进这一墩，现在就是西家取代了东家来守卫方块了！

在将吃第二轮红心并清光将牌后，你用梅花 A 过桥并引出方块 Q。如果东家没有盖打，你的 Q 就将成功飞牌，并可以宣布取得十二墩了。让我们假设东家盖上了◇K，你用◇A 赢进，兑现♣K，并奔吃剩余的将牌。终局如下：

	北	
	♠— ♡— ◇10 ♣Q 8	
♠— ♡— ◇J ♣10 9	N W E S	♠— ♡A ◇9 8 ♣—
	♠5 ♡— ◇6 ♣3	

感谢你在方块套中的神来之笔，这称之为转移护张。西家现在独自守卫着两门低花，当你打出♠5 时，西家不得不放弃他的一个护张并让你完成小满贯。

解答 34

北
♠5 4
♡A 9 6 4 3
◇8 6 4
♣A 6 3

西
♠9 7
♡J 8 5 2
◇J 5
♣K Q J 8 2

东
♠10 8 3
♡10 7
◇Q 10 9 7 3
♣9 5 4

南
♠A K Q J 6 2
♡K Q
◇A K 2
♣10 7

西	北	东	南
			2♣
不叫	**2♡**	不叫	**3♠**
不叫	**4♣**	不叫	**4NT**
不叫	**5♡***	不叫	**5NT**
不叫	**6♠***	全不叫	

防守你的黑桃小满贯，西家首攻♣K。这是一个让人讨厌的首攻，因为他顶掉了明手的进张，而你原本打算解封后用它来取得红心赢墩。你能看出有什么机会能够挽回局势吗？

最好的机会是立刻用明手的♣A 赢进首攻，然后奔吃黑桃。如果有一位防守人原始持有四张或以上的红心，他将需要保留三张红心来阻止你在第二轮红心时让明手超吃。你的目标将是兑现红心 K 和 Q，并在第十二墩时投入给这位防守人，让他打出剩下的最后一张红心给明手的 A。

于是你赢进首攻，并连续兑现六轮黑桃和◇A。如牌张的实际分布，你将会到达如下终局：

	♠— ♡A 9 6 4 3 ♢— ♣—	
♠— ♡J 8 5 ♢— ♣Q J		♠— ♡10 7 ♢Q 10 ♣9
	♠— ♡K Q ♢K 2 ♣10	

当你打出♢K时西家如何垫牌？如果他垫掉一张红心，你就能兑现红心K，然后用A超吃红心Q，最后超额一墩完成定约！假设相反西家垫掉♣J，由于外面还剩下五张红心，你确知无法通过超吃第二轮红心来完成定约。因此你兑现♡K和♡Q，看来似乎放弃了明手的♡A。西家还剩下♡J和♣Q。在第十二墩，你用梅花投入给他，他只能打回一张红心给明手的A——满贯完成。

你利用西家作为进入明手的踏脚石，这一打法被形象地称之为“踏脚石挤牌”。假设红心实际上是3-3分布，这将会破坏掉终局吗？不一定。你可能会到达如下的另外一种终局：

	♠— ♡A 9 6 4 3 ♢— ♣—	
♠— ♡J 8 5 ♢— ♣Q J	N W E S	♠— ♡10 7 2 ♢Q 10 ♣—
	♠— ♡K Q ♢K 2 ♣10	

某位防守人(或是两人)将保留三张红心来阻止你在这门花色中进行超吃。如果是西家，你就利用西家作为踏脚石；如果是东家，你同样可以利用东家作为踏脚石！

解答35

	北	
	♠A K ♡J 9 7 ♢A J 10 6 2 ♣Q 6 3	
西 ♠Q 6 4 ♡A K Q 10 ♢9 7 ♣K 10 7 5		东 ♠10 8 7 3 ♡6 4 2 ♢5 4 3 ♣J 9 2
	南 ♠J 9 5 2 ♡8 5 3 ♢K Q 8 ♣A 8 4	

西	北	东	南
1♣	1♢	不叫	1NT
不叫	3NT	全不叫	

防守你的无将成局定约，西家连续兑现了四轮红心，你从明手垫掉一张梅花，从暗手垫掉一张黑桃。西家随后转攻♠4。你有八个大牌赢墩，除非♠Q是双张(或者♣K是单张)，你将需要实施挤牌来使你的总赢墩数增加到九墩。

你的红心已成为遥远的记忆，方块套是坚固的，因此唯一可能产生的挤牌就是在两门黑花色。如果是东家持有两门黑花色的护张，这将是一个简单挤牌。你先兑现♠AK，最后一张方块将在一个位置型挤牌中擒住东家。他将不得不给♠J(单张威胁张)或是梅花中的分离双张威胁张让路。但不幸的是从西家的开叫中你已知东家不可能同时守卫着两门黑花色，因此你只能寄希望于西家同时持有两门黑花色的护张。

如果你兑现了第二轮黑桃顶张，使♠J成为一个单张威胁张，挤牌将无法运行。南家将垫成♠J和♣A8，西家可以坐看南家的垫牌，然后再决定自己的垫牌。由于西家位于威胁张之后，需要一个不同寻常的挤牌克服这一难题。留好明手的♠K，你开始奔吃方块。你将到达如下终局：

♠K
♡—
♢10
♣Q 6

♠Q 6
♡—
♢—
♣K 10

♠10 8
♡—
♢—
♣J 9

♠J 9
♡—
♢—
♣A 8

在明手的最后一张方块也就是挤张上，你从暗手垫掉♣8。看看你在两门黑花色威胁张的奇异状态——每个双张威胁张的对面都摆着一个单张大牌！

西家现在只能弃守一门黑花色。无论西家垫掉哪张牌，你都能够解决掉剩下的赢墩。假设他垫掉♠6，你就兑现♠K，击落单张Q，然后用♣A过桥来兑现已经建立好的♠J；如果相反西家垫掉♣10，你就兑现单张♣A，然后用♠K进入明手来兑现已经建立好的♣Q。这是一个神奇的打法，并且有一个吸引人的名字：交叉挤牌。为了解决护张都处于威胁张之后的尴尬局势，你需要在每门威胁花色中都有一个单张进张。

在这样的终局中是否需要进行任何猜断？面对大部分防守人时并不需要，因为他们将会在每门关键花色中各留两张(正如西家在我们的终局中所剩的一样)，直到最后一刻才做出最关键的垫牌。因此如果西家垫黑桃，你就应该打♠Q已经是单张；如果他垫梅花，你就打♣K已经是单张。一个专家级的防守人可能会尝试欺骗你。预见到终局时可能会面临的情形，他可能会在早期就将其中一个大牌垫为单张，而不是到最后一刻才被迫如此。例如在本例中，他可能会留成♠Q♣K107，并在挤张上扔掉♣10。如果你随后兑现♣A，希望击落单张♣K，就将打宕定约。

在实际打牌过程中，这类猜断通常比较简单。东家通常会做出一些能够提供有用信息的垫牌，希望这些能够帮助他的同伴。

解答 36

	♠K 9 7 ♡A 2 ◇A K 5 2 ♣A K Q 2	
♠10 6 5 4 ♡Q J 10 6 ◇J 9 ♣10 8 6	N W E S	♠2 ♡9 8 7 4 3 ◇Q 7 3 ♣J 9 7 3
	♠A Q J 8 3 ♡K 5 ◇10 8 6 4 ♣5 4	

西	北	东	南
	2♣	不叫	**2♠**
不叫	**3♠**	不叫	**4♡**
不叫	**4NT**	不叫	**5◇***
不叫	**5♡***	不叫	**6♠***
不叫	**7♠**	全不叫	

你有十二个大牌赢墩，需要在低花中实施挤牌来完成大满贯。假设你只是简单地兑现你在黑桃和红心中的赢墩。如果西家同时守卫着两门低花，他将遭到紧逼——这是因为他将在你从明手垫牌之前先决定他的垫牌；如果相反是东家持有两门低花的护张，你就将打宕定约——东家将能够保留和明手一样的低花长度。

为了确保挤牌能够对任一防家奏效，你应该在打出挤张之前先兑现方块 A 和 K(维也纳妙招)。

具体的打牌路线将如何进行？你用 A 赢进红心首攻，清四轮将牌。随后你兑现◇AK，并用♡K 回手。局势如下：

	♠— ♡— ◇5 ♣A K Q 2	
♠— ♡J 10 ◇— ♣10 8 6	N W E S	♠— ♡— ◇Q ♣J 9 7 3
	♠8 ♡— ◇10 8 ♣5 4	

你打出♠**8**(挤张),从明手垫掉◇**5**。东家在两门低花中受挤,不得不送给你第十三墩牌。

后　记

现在,你终于和三十六个简单(有时并非那么简单)挤牌作战告别。你是否享受这一伟大的征程?如果你的回答是:"恐怕不是特别喜欢,这更像是一项艰苦的工作。"我们不会感到失望。理解挤牌确实是一项艰巨的任务,但——这也是最重要的一点——这些知识能够带来巨大的回报。几乎每一次打牌,你都会有机会实施或防守挤牌。当你通过实施挤牌拯救了一些成局定约和满贯时,本书带给你的头疼一定已经成为了遥远的回忆。现在是你的对手们需要阿司匹林了!